Peter Beck

Liebenswerte Hamster

Kosmos

Inhalt

Alle Hamster buddeln für ihr Leben gern – auch in Blumentöpfen.

Biologie und Heimat
LIEBENSWERTE HAMSTER 4

Systematisches 4
Geschichtliches 6
Beliebtheit steigt 7
Biologie 8

Zubehör und Kauf
EIN HAMSTER KOMMT INS HAUS 10

Drum prüfe, wer sich lange bindet 10
Der Kindertraum 11
Ideal für Erwachsene 12
Vorher Allergien feststellen 12
Die Rechtslage 12
Der richtige Platz 12
Zeit und Geld 13
Andere Heimtiere 13
Ein oder mehrere Tiere? 14
Männchen oder Weibchen? 14
Wie alt? 14
Wo und wie kaufen? 15
Gesundheits-Checkliste 15
Der Heimweg 16
Das Heim 16
Das Hamster-Terrarium 17
Näpfe und Raufen 18
Die Tränke 19
Schlafhäuschen 19
Das Hamsterbett 20
Die Toilette 20
Die Einstreu 20
Das Laufrad 21
Weiteres Zubehör 21
Eingewöhnung 22
Freundschaft schließen 22

Solch eine Futterbar bietet Abwechlung und Beschäftigung.

Hochheben und Tragen   23
Freilauf birgt Gefahren   24
Vorsicht, Giftpflanzen!   25
Der Spielplatz   26
Der Ausreißer   26

Hamster richtig füttern
LIEBE GEHT IMMER DURCH DEN MAGEN   28

Futterangebot   28
Fertigfutter   29
Futter lagern   29
Heu   29
Wertvolles Grün   30
Wildpflanzen sammeln   30
Sammeltips   31
Grünes anbauen   31
Obst und Gemüse   31
Richtig füttern   32
Tierisches Eiweiß   32
Lebendfutter auf Vorrat   33
Tagesmenue   33
Der Futterspaß   33
Zweige und Nagerholz   34
Wasser muß sein   34
Wasserqualität   34
Eßmanieren   35
Damit Futter nicht schadet   35
Das Blütenmenü   35
Leckereien und Zusätze   35

Pflege und Krankheitsvorsorge
HAMSTER RICHTIG VERSORGEN   36

Pflege   36
Krank - was tun?   38
Beim Tierarzt   39
Krankenpflege   39
Wochenende   40
Urlaub   40
Vorsicht, LCM!   40
Unser Liebling altert   41

Verhalten und Bedürfnisse
DER RICHTIGE UMGANG MIT HAMSTERN   42

Fluchttiere?   42
Die Augen, die Nase   43
Das Gehör   44
Die Tasthaare   44
Markieren   44
Abwehr   45
Rituale der Begegnung   46
Lautäußerungen   46
Temperaturempfinden   46
Kinder und Hamster   47

Zucht, Rassen und Arten
UNSERE HAMSTER BEKOMMEN NACHWUCHS   48

Voraussetzungen   49
Elterntiere   50
Paarung   51
Trächtigkeit   51
Geburt   52
Entwicklung   53
Geschlechtsbestimmung   54
Flaschenkinder   55
Rassen und Arten   55
Chinesischer Streifenhamster   56
Dsungarischer Zwerghamster   57
Campbells Zwerghamster   58
Roborowski-Zwerghamster   59

Literatur, Register   60
Impressum   62

Extra

PFLEGECHECKLISTEN UND TIERPASS   63

Wildfarbener Goldhamster

Biologie und Heimat

Liebenswerte Hamster

Schon lange bevor die putzigen Goldhamster ihren unvergleichlichen Siegeszug als beliebtes Heimtier antraten, kannte man Hamster vielerorts. Nicht etwa als Streicheltier, sondern weil sie sprichwörtlich große Vorratslager an Getreide und Sämereien für schlechte Zeiten hamstern, das heißt in ihre Baue eintragen. So wurden die vermeintlichen Diebe zu Nahrungskonkurrenten des Menschen – mit fatalen Folgen. Sie wurden bejagt, vertrieben und bei uns, dort wo sie vermehrt auftraten, an den Rand des Aussterbens gebracht.

Die Rede ist hier von dem mit 25 cm größten noch lebenden europäischen Feldhamster, auch Schwarzbauchhamster genannt, der in Südost-, West- und Mitteleuropa bis nach Asien vorkommt. Er gilt zwar als „Minibär" mit großen Knopfaugen, drolligen Bewegungen, den für Hamster typischen Hamsterbacken und einem kuscheligen Fell, aber aufgrund seiner natürlichen Wehrhaftigkeit und Unzähmbarkeit ist er nie zum Heimtier geworden. Wir wollen uns deshalb auch überwiegend den viel populäreren Hamstern, nämlich den Gold- und Zwerghamstern, widmen.

SYSTEMATISCHES

Zoologisch zählen die Hamster zur Ordnung der Nagetiere (Rodentia), der Familie der Mäuseverwandten

Das Gesicht eines Miniteddys ...

(Myomorpha), der Unterfamilie „Eigentliche Wühler" (Cricetinae) und der Gattung Hamster (Cricetus) mit den folgenden Untergattungen:
▶ Großhamster (Cricetus), zu ihnen zählt der bekannte Feldhamster (Cricetus cricetus),
▶ Mittelhamster (Mesocricetus), zu denen auch unser Syrischer Goldhamster gehört, der Mesocricetus auratus (Waterhouse 1839) heißt,
▶ Zwerghamster, von denen im Zoofachhandel der Chinesische Streifenhamster (Cricetulus criseus), der Dsungarische Zwerghamster (Phodopus sungorus), der Roborowski-Zwerghamster (Phodopus roborowskii) und Campbells Zwerghamster angeboten werden.

Nur Feldhamster gehen freiwillig ins Wasser.

Roborowski-Zwerghamster

Dsungarischer Zwerghamster

Chinesischer Streifenhamster

Europäischer Feldhamster

Goldhamster

Campbell-Zwerghamster

GESCHICHTLICHES

Als überaus beliebte Heimtiere haben Gold- und Zwerghamster eine zwar interessante, aber kurze Geschichte in Menschenobhut hinter sich. Eines ist ihnen gemeinsam: Bevor sie zum Heimtier wurden, fanden sie eine weite Verbreitung als vielgenutzte Labortiere.

Man schrieb das Jahr 1839, als der britische Zoologe George R. Waterhouse einen kleinen Hamster in der Gegend nahe Aleppo im heutigen Syrien fand. Anhand des Balges, der im Naturhistorischen Museum in London lagert, beschrieb er ihn als Mesocricetus auratus, also „goldenen Mittelhamster".

Um die Jahrhundertwende soll ein Spiritusexemplar auch bei einem Berliner Professor gelandet sein.

Erst 91 Jahre nach der Erstbeschreibung, im Jahre 1930, fand der Zoologieprofessor Aharoni von der Hebräischen Universität Jerusalem anläßlich einer Exkursion mit Studenten wiederum nahe Aleppo (Syrien) einen Bau, aus dem ein Weibchen mit Jungtieren eingefangen wurde. Es sollen acht bis 12 Junge gewesen sein – darüber gibt es unterschiedliche Aussagen. Die Tierchen wurden aus einer ca. 2,40 m tief liegenden Nestkammer ausgegraben. Schon nach einem Jahr wurden Nachkommen der Wildlinge zu medizinischen Forschungszwecken nach London abgegeben. 1938 gelangten Goldhamster an das Rockefeller-Institut in den USA – ebenfalls als pflegeleichte und leicht zu züchtende Versuchstiere. Erst 1948 begannen auch bei uns einige Institute mit der Hamsterzucht – mit Tieren, die aus Amerika importiert wurden.

Bemerkenswert ist, daß allem Anschein nach die Millionen Goldhamster, die weltweit als Labor- und mittlerweile auch als überaus beliebte Heimtiere gezüchtet werden, alle von den 1930 gefangenen Tieren abstammen.

Bedenkt man die sprichwörtliche Vermehrungsfreudigkeit der kleinen Nager, so müßte man eigentlich in ihrer Heimat geradezu auf Schritt und Tritt über sie stolpern – wie bei uns über Mäuse. Anscheinend trifft dies aber nicht zu, denn von Wildfängen in Syrien ist kaum mehr etwas bekannt geworden.

Entweder kommen die Goldhamster nur in geringer Zahl auf einem eng begrenzten Areal vor, oder sie haben zu viele Feinde (Raubvögel, Füchse, Schlangen und auch Menschen), oder sie reagieren auf Umweltveränderungen, wenn Steppen zu Getreideanbauflächen gemacht werden, oder auf den Bizideinsatz mit starkem Populationsrückgang. Anscheinend sieht auch niemand mehr einen Grund, den Goldhamstern nachzuspüren und Wildfänge zur Blutauffrischung zu importieren.

BELIEBTHEIT STEIGT

Während der kurzen Zeitspanne, seit Goldhamster im Zoofachhandel angeboten werden, hat ihre Beliebtheit ständig zugenommen. Selbst Negativ-Schlagzeilen in der Regenbogenpresse, die den Goldhamster als potentiellen Krankheitsüberträger verteufelt haben (LCM, siehe S. 40), konnten nicht verhindern, daß derzeit im deutschsprachigen Raum über eine Million dieser putzigen Wesen als Heimtiere gepflegt werden. Über die Anzahl der Labortiere ist nichts bekannt. Allerdings wäre es den liebenswerten Tierchen zu gönnen, daß sie vom reinen Streicheltier, was sie wirklich nicht sind, mehr zum beobachtungswerten Wesen werden, das bei art- und verhaltensgerechter Pflege interessante Lebensäußerungen und Verhaltensweisen zeigt. Das zwar wichtige Element des Streichelns und Liebhabens sollte aber zweitrangig sein. Dies gilt noch mehr für die Zwerghamster, auf die ab S. 56 besonders eingegangen wird. Durch zufällige, sprunghafte Veränderungen der Erbmasse (Mutationen), die auch in der freien Natur vorkommen, sind auch beim Goldhamster verschiedene Fell- und Farbvarianten entstanden. Bei der steigenden Popularität der Goldhamster werden zu den jetzt schon angebotenen sicher noch weitere Varianten gezüchtet werden (siehe S. 55).

BIOLOGIE

Hamster sind meist dämmerungsaktiv und bodenlebend. Ihre Baue legen sie im Erdreich von Steppen und Halbwüsten an. Solche Baue bestehen aus einer oder mehreren Fallröhren mit unterschiedlich tiefen Stollen (bis 2,50 m), die mit Wohn- und Schlafkessel sowie Vorrats- und Klokammer ausgestattet sind. In den metertiefen Bauen kommen die durch die Jahreszeit bzw. den Tag-Nacht-Wechsel bedingten Schwankungen der Außentemperatur nicht mehr so kraß zum Tragen.

Goldhamster sind außerhalb der Brunft ausgesprochene Einzelgänger, beinahe als Eigenbrötler zu bezeichnen.

Allen Hamstern gemeinsam ist ein kräftiges Nagergebiß, das aus insgesamt 16 Zähnen besteht. Je Kiefer hat das Gebiß 2 lebenslang nachwachsende Nagezähne, die eine Vorderseite aus hartem Schmelz und eine weichere Rückseite haben, die sich schneller abschleift, so daß meißelförmige Nagezähne mit scharfer Kante entstehen. Danach folgt auf jeder Seite eine große Lücke (Diastema), anschließend jeweils 3 festwurzelnde, nicht nachwachsende Bakkenzähne, die zum Abbeißen und Zerkleinern oft härtester Pflanzenteile (Getreidekörner, Wurzeln usw.) dienen.

Hamstertypisch sind die sprichwörtlichen Backentaschen. Sie liegen als geräumige Hautsäcke beiderseits des Kopfes und reichen von der Maulspalte bis zu den Schultern. Gefüllt nehmen sie beachtliche Ausmaße an, die den Umfang des Hamsterkopfes beinahe verdoppeln können. Sperriges wird außerdem zwischen den Zähnen transportiert. Was an Nahrung zu finden ist, wird in kürzester Zeit in den Backentaschen verstaut und sofort ins Vorratslager getragen.

Um die Taschen zu entleeren, streichen die Tiere mit den Vorderpfötchen von dort nach vorne und fördern so den Inhalt, der hier noch keinerlei Verdauungsprozessen unterliegt, wieder zutage.

Selbst Hamsterbabys finden bei vermeintlicher Gefahr in den Taschen Platz und können so jederzeit umquartiert werden. Vorwitzige Ausreißer werden auf diese

Gibt es Nahrung im Überfluß, ...

Weise auch ins Nest zurückgebracht.

Voll aufgeblasen wirken die Hamsterbacken auf Feinde und Artgenossen einschüchternd. So erscheint der kleine Wicht viel größer und recht imponierend, zumal er dann meist aufrecht steht.

Die Vorderbeine sind kräftig und muskulös, so daß Hamster schnell laufen, gut graben, hervorragend klettern und mit den Vorderpfoten geschickt greifen und festhalten können. An den Vorderbeinchen finden wir 4 Zehen sowie einen zurückgebildeten Daumen. Die etwas zierlicheren Hinterbeine haben 5 voll entwickelte Zehen, die für einen sicheren Stand sorgen, wenn die kleinen Kerle sich aufrichten. Sie dienen auch dazu, Erde wegzuschieben, oder zum Festhalten beim Turnen kopfunter. Lange können sie sich dabei aber mit den Hinterpfoten nicht festhalten und fallen überraschend schwerfällig hinunter.

Interessant ist auch, daß Hamster einen zweikammerigen Magen besitzen. Im großen Vormagen wird die Nahrung vorverdaut und im Haupt- oder Drüsenmagen voll aufgeschlossen. Syrische Goldhamster sind nur annähernd halb so groß wie unsere einheimischen Feldhamster: ausgewachsene Weibchen messen 18 cm in der Länge, Männchen ca. 15 cm. Ihr Schwänzchen ist ca. 1,2 cm lang.

Das durchschnittliche Gewicht liegt beim Männchen bei 130 bis 150 g. Die Weibchen sind nicht nur größer und wuchtiger, sondern mit 150 bis 180 g auch schwerer.

Die Körpertemperatur beträgt 36,8 bis 38,0 °C. Im Gegensatz zum Feldhamster, der nur 8 Zitzen besitzt, finden wir beim Goldhamster 7 bis 11 Zitzenpaare. Die Lebenserwartung beträgt 2,5 bis 4 Jahre. Ein mir bekannter Hamster-Methusalem wurde sogar 5 Jahre alt, was aber sicher nicht die Regel ist.

Goldhamster besitzen auf jeder Flankenmitte gleich hinter dem Rippenbogen eine von dunklerem Fell verdeckte Seitendrüse. Oft werden diese Talgdrüsen, die der Markierung dienen, in Unkenntnis für abgeheilte Wunden o.ä. gehalten, weil sie schwarz pigmentiert sind. Beim Männchen sind sie etwas stärker ausgebildet.

Die natürliche Fellfarbe tarnt den Goldhamster ganz hervorragend, und sein dichter Pelz schützt ihn vor den Unbilden seines Lebensraumes.

... werden die Backentaschen bis zum „Geht-nicht-mehr" gefüllt.

Zubehör und Kauf
Ein Hamster kommt ins Haus

Wenn Sie sich den sehnlichen Wunsch nach einem Hamster zum Beobachten und Liebhaben erfüllen wollen, ist einiges zu bedenken und vorzubereiten.

Sie sollten sich vor der Anschaffung gut informieren, damit sich der geliebte Hausgenosse bei Ihnen wohl fühlen kann, allzeit gesund bleibt und lange lebt.

DRUM PRÜFE, WER SICH LANGE BINDET

Hamsterpflege heißt nicht nur Streicheln, Beobachten und Liebhaben, sondern auch Verantwortung für 2 bis 3 Jahre. Noch ältere Tiere sind die Ausnahme. Vor dem Erwerb sollte der Familienrat tagen, damit sicher ist, daß jeder dem Tierchen vorbehaltlos zugetan ist.

Alles Hohle wird erkundet.

Hamsterhaus mit Mehrfachnutzen durch Rampe und Rutsche

Heim mit Querverdrahtung

Zahme Hamster werden von Kindern heiß geliebt.

DER KINDERTRAUM

Eltern möchte ich darauf hinweisen, daß Begeisterung wandelfähig ist. Kindliche Beteuerungen und Zusagen, alles für das ersehnte Tier zu tun, sind durchaus ernst zu nehmen, sollten aber auch realistisch eingeschätzt werden. Denn spätestens wenn die Kinder enttäuscht sind, daß der kleine Kerl nur abends oder früh am Morgen munter ist und unter Tags mürrisch reagieren kann, sollte die Begeisterung auch von den anderen Familienmitgliedern getragen werden können.

So zart wie Hamster wirken, sind sie auch. Deshalb eignen sie sich nicht als Spielzeug für Kleinkinder. Vor dem schulpflichtigen Alter verstehen es die wenigsten Kinder ohne Anleitung, sich richtig zu verhalten: wohldosiert zugreifen, um das Tier aufzunehmen, hochzuheben und festzuhalten. Falsches Verhalten führt zum Angstquieken, Strampeln oder bei großer Angst auch zum Beißen. Je nach Verständigkeit sollte das Kind 8 bis 10 Jahre alt sein, um einen Hamster zu pflegen. Die Eltern müssen aber immer helfend zur Verfügung stehen, über das Wohlergehen des Tierchens wachen und vor allem daran erinnern, daß nach dem Umgang bzw. dem Säubern der Behausung die Hände zu waschen sind.

Und man muß erklären, daß Hamster von Natur aus Einzelgänger sind (sieht man von der Paarungszeit ab). Deshalb kann man nur ein Tierchen pflegen. Wichtig ist, daß der putzige Kerl tagsüber schläft, erst am späten Nachmittag oder abends munter wird und dann erst ansprechbar ist. Wird er tagsüber während des Schlafens gestört, kann er recht mürrisch reagieren und auch zubeißen. Während der Dunkelphase ist er jedoch überaus aktiv und kann durchaus in seiner Behausung rumoren.

Auch die kurze Lebensdauer des Hamsters kann für Kinder problematisch sein, wenn sie in einer sensiblen Phase schon Trauerarbeit leisten müssen.

Eine Zumutung für den Hamster! Er bleibt immer Beute.

IDEAL FÜR ERWACHSENE

Aufgrund ihrer Lebensweise sind die kleinen Nager ideale Heimtiere für berufstätige Menschen. Aber auch für Ältere, die nicht mehr mobil sein können, sind sie eine Bereicherung im täglichen Einerlei. Und für weniger Betuchte, die sich einen liebenswerten Hausgenossen wünschen, scheinen sie wie geschaffen.

VORHER ALLERGIEN FESTSTELLEN

Keines der Familienmitglieder darf unter einer Tierhaarallergie leiden. Einen Hinweis kann ein Allergietest beim Arzt liefern. Dies gilt nicht nur für den Pfleger, sondern für alle Personen, die mit dem Hamster unter einem Dach wohnen sollen.

DIE RECHTSLAGE

Das Halten von Hamstern gehört zum „bestimmungsgemäßen Gebrauch" einer Mietwohnung. Wenn eine Belästigung der anderen Mieter (z.B. durch Geruch, oder eine Beschädigung der Mietsache, was ja bei normaler Haltung nicht vorkommt), ausgeschlossen ist, braucht nicht extra eine Erlaubnis des Vermieters eingeholt zu werden. Eine gewerbsmäßige Zucht ist in einer Mietwohnung jedoch nicht gestattet.

DER RICHTIGE PLATZ

Damit sich der neue Hausgenosse wohl fühlt, muß ein möglichst ruhiger, nikotinfreier Platz für die Behausung vorhanden sein, der auch nicht zu hell ist – am besten in Ecken von Innenwänden. Luftig, aber zugfrei, auf keinen Fall bodenkalt, nicht auf oder neben der Heizung, nicht der prallen Sonne ausgesetzt und nicht neben lauten Fernseh- oder Stereoanlagen.

TIP: Stellen Sie das Heim auf eine Filzunterlage oder Styroporplatte, und testen Sie vorsorglich mit einer brennenden Kerze, ob Zugluft herrscht.

Auch Fensterplätze sind zu meiden. Pflanzen und Textilien dürfen vom Hamster nicht erreicht werden können. Nachts sollten die Hamster-Aktivitäten zudem niemanden stören. Die Küche ist wegen der Gerüche, Feuchtigkeit und dem Topfgeklapper völlig ungeeignet. Es soll normale Zimmertemperatur von 19 bis 24 °C herrschen. Unter 18 °C werden Hamster träge und schlafen viel mehr, unter 15 °C zeigen sie deutliches Unbehagen und fallen ab ca. 10 °C in einen winterschlafähnlichen Zustand.

ZEIT UND GELD

Eine Stunde täglich sollte man sich seinem Tier schon widmen können.
Weil sich die Kosten für Futter und Zubehör ändern können, erfragen Sie diese bei einem Zoofachhändler. Auch die Versorgung während des Urlaubs sollte schon vor dem Kauf überlegt werden.
Wenn auch selten nötig, so muß man doch auch Tierarztbesuche einkalkulieren. Vor allem darf man die Kosten für eine nötige Behandlung nie am Anschaffungspreis des Tieres messen. Wenn Ihre Lebensweise und Ihr Freizeitverhalten (Wochenende, Camping, Urlaub usw.) einen zusätzlichen Hausgenossen mit einbeziehen können, dann steht dem Kauf eigentlich nichts mehr im Wege.
Wenn allerdings Zweifel vorhanden sind, kann es für alle Beteiligten besser sein, auf ein Tier zu verzichten.

ANDERE HEIMTIERE

Mit anderen Heimtieren unter einem Dach zu leben, scheint für Hamster ein wahrer Greuel zu sein. Von den meisten fühlen sie sich bedroht, weil sie instinktiv als Feinde angesehen werden. Sie könnten das zarte Geschöpf wirklich als willkommene Beute betrachten, es zu Tode spielen oder beim Spiel verletzen.
Hunde gewöhnen sich evtl. an den kleinen Mitbewohner und ignorieren ihn schon bald, wenn er ihnen nicht zufällig über den Weg läuft und dabei den Jagd- oder Spieltrieb auslöst. Vor allem muß das Nagerheim hoch genug stehen, standfest und jederzeit geschlossen sein.

Haben Sie eine Katze oder soll eine angeschafft werden, muß immer mit einer tödlichen Gefährdung des Hamsters gerechnet werden. Katzen sind bekanntermaßen geschickt und können jeden anvisierten Ort durch Sprungkraft und Kletterkünste erreichen. Dabei braucht es keinen visuellen Reiz – es genügen der Hamstergeruch oder sein Rascheln, um die Aufmerksamkeit zu wecken. Auch Fotos, die das Gegenteil zu beweisen scheinen, sollten nicht dazu verführen, der Katze einen Hamster zuzugesellen. Katzen haben Nagetiere zum Fressen gern.
Mit Papageien und anderen Vögeln können Hamster zwar unter einem Dach leben, dürfen aber keinesfalls während des Freilaufs mit ihnen zusammen sein. Weder ein Schnabelhieb noch

TIP: Hamster sind keine Geschenke für Menschen, die von ihrem „Glück" keine Ahnung haben. Auch Spontan- und Mitleidskäufe haben oft traurige Folgen für das Tier, weil es bald ungeliebt und vernachlässigt verkommt, im Tierheim landet oder gar ausgesetzt wird. Lieber einen Gutschein schenken!

Allenfalls lassen sich Dsungaren vergesellschaften.

ein Hamsterbiß sind für die Beteiligten erfreulich.
Auch mit der Gesellschaft anderer Kleinsäuger sollte man Hamster nicht konfrontieren, da sie ausgesprochene Einzelgänger sind. Es ist auch anzuraten, sich nach dem Umgang mit einem anderen Haustier die Hände zu waschen, bevor man sich dem Hamster widmet, damit der anhaftende Geruch ihm keine Angst einflößt. Manche Tiere reagieren auf bestimmte Düfte aggressiv oder gehen zumindest auf Distanz.

EIN ODER MEHRERE TIERE?

Goldhamster leben sowohl in der freien Natur als auch als Heimtiere weder in Gruppen noch paarweise zusammen. Als ausgesprochene Einzelgänger, die Artgenossen aus ihrem Revier vertreiben, sind sie mit dem Alleinsein zufrieden und leben so streßfrei und gesünder.
Nur während der Brunftzeit finden sie sich zur Paarung zusammen. Danach wird stets das Männchen vom Weibchen verjagt. Selbst die eigenen Jungtiere werden nach Erreichen der Geschlechtsreife im Alter von 3 bis 4 Wochen vom Muttertier gezwungen, sich ein eigenes Revier zu suchen.

Ein Pärchen kauft man also nur zur Zucht. Bis zur Verpaarung und auch danach müssen die beiden getrennt von Tisch und Bett leben. Wenn überhaupt, dann lassen sich gleichgeschlechtliche Jungtiere aus einem Wurf zusammen halten, wenn sie noch nie, auch nicht für kurze Zeit, getrennt waren. Bedingung dafür ist eine großflächige Unterbringungsmöglichkeit. Aber selbst dies artet nie in eine uneingeschränkte Liebe aus. Erwachsene Tiere kann man außerhalb der Paarungszeit auch in größten Behältern nicht zusammensetzen! Einzige Ausnahme: Zwerghamster.

MÄNNCHEN ODER WEIBCHEN?

Für den Hamsterfreund ohne Züchterambitionen ist es belanglos, ob er ein männliches oder weibliches Tier auswählt. Beide sind liebenswert, und es gibt keine Unterschiede in Verhalten und Pflegeansprüchen.

WIE ALT?

Jungtiere werden meist mit 4-5 Wochen vom Züchter an den Zoofachhandel abgegeben. Man sollte darauf achten, daß sie beim Kauf wenigstens 40 g wiegen. Wichtig ist es, daß die Tiere absolut gesund sind (siehe

Ab 4 Wochen werden sie, nach Geschlechtern getrennt, verkauft.

Checkliste) und aus einer LCM-freien Zucht stammen. Die Verkaufsbox darf keinen Kontakt mit Hausmäusen haben, die LCM übertragen können.
Ansonsten ist es besser, ein Tier auszuwählen, das schon älter als 4 Monate ist, weil dann die Gefahr einer Ansteckung mit LCM kaum mehr gegeben ist (siehe S. 40). Ältere Tiere haben sich zudem schon an die pflegende Hand gewöhnt, und bei richtigem Umgang werden auch sie noch handzahm. Zur Zucht sind ältere ohnedies besser geeignet.

WO UND WIE KAUFEN?

Im gut geführten Zoofachgeschäft gehören sowohl Gold- als auch Zwerghamster zum Standardangebot. Bei Zwerghamstern und besonderen Fell- und Farbschlägen können zuchtbedingte Engpässe auftreten, aber wenn man ein spezielles Tier haben möchte, lohnt sich die Wartezeit, bis es besorgt werden kann.

TIP: Abzulehnen sind Spontankäufe, Käufe auf Märkten aller Art, im Versandhandel oder von üblen Geschäftemachern, die Hamster als Sonderangebote verramschen.

Junghamster im gemischten Rudel schlafen im Zoofachhandel noch beieinander.

Hamster kauft man im Zoofachhandel am späten Nachmittag oder frühen Abend. Dann sind sie auch im hellen Verkaufsraum wach, lebhaft und in Bewegung, und man erspart ihnen den Streß, aus dem Tiefschlaf gerissen zu werden. Solche Tiere würden, anstatt sich betrachten zu lassen, versuchen, sich wieder zu verkrümeln.
Bei dieser Gelegenheit sollte man sich auch das richtige Aufnehmen und Tragen zeigen lassen.

TIP: Wenn der Hamster für ein Kind bestimmt ist, sollte es das Tier selbst aussuchen. Das fördert eine optimale Bindung und mehr Verantwortungsgefühl.

GESUNDHEITS-CHECKLISTE

▶ Nicht aus Boxen kaufen, wo die Geschlechter nicht getrennt sind, außer Sie wollen ein bereits trächtiges Weibchen.
▶ Das Tier sollte einen gesunden und munteren Eindruck machen.
▶ Der Körper soll wohlproportioniert und nicht zu mager sein.
▶ Der Bewegungsablauf ist fließend und frei, das Tier darf nicht humpeln, Gliedmaßen nachziehen oder Zehenfehler haben.
▶ Die Beine sind sauber, ohne Wunden oder Schrunden.
▶ Das Fell ist sauber, liegt glatt am Körper an, ist glänzend und frei von Parasiten

(Vorsicht bei Tieren, die sich dauernd kratzen!).
▶ Das Fell langhaariger Tiere muß frei von Kletten und Knoten sein.
▶ Beide Augen sind klar, glänzend, ohne Ausfluß, die Ränder sauber und glatt.
▶ Die Nase ist ohne Verkrustungen und Ausfluß; kein Niesen oder schweres Atmen.
▶ Ohren ohne Wunden, Borken oder Schorf. Sind die Tiere wach, sollen die Ohren voll ausgefaltet und aufgestellt getragen werden.
▶ After und Umgebung müssen stets sauber und trocken sein, ohne Verklebungen.
▶ Das Schwänzchen soll unverletzt sein.
▶ Ein gesunder Goldhamster ist neugierig, lebhaft und kaum ängstlich.
▶ Wenn auch nur ein Tier in der Box einen kranken Eindruck macht, sollte man auf einen Kauf verzichten.

Idealer Mehrzweck-Transporter

Wenn das ausgewählte Tierchen augenscheinlich gesund, lebhaft und neugierig ist und auch frißt, dann steht einem Kauf nichts mehr entgegen.

DER HEIMWEG

Wenn Sie Ihre Wahl getroffen haben, setzt der Verkäufer den Hamster im Regelfall in einen Papptransporter. Als geschickte Nager können sich Hamster aber durch die Luftlöcher, die sie oft überraschend schnell erweitern, befreien und während des Heimweges ausreißen. Was dies bedeutet, kann man sich leicht ausmalen.

TIP: Am besten ist es, einen ausbruchsicheren Klarsicht-Transporter mit perforiertem Deckel zu kaufen. Der Heimweg ist sicher, außerdem ist das Tierchen keiner Zugluft ausgesetzt, noch kann es sich verletzen. Zu Hause läßt sich der Behälter als Ersatzquartier während der Reinigung des Heims benutzen. Außerdem gelingt das Aufnehmen, ohne die Hand gebrauchen zu müssen, solange das Tier noch nicht handzahm ist. Auch für einen eventuellen Weg zum Tierarzt ist der Transportbehälter gut geeignet.

Weniger Streß beim Transport empfindet der Hamster, wenn etwas Einstreu oder Teile vom Schlafnest als Unterlage und zum Schutz vor Verletzungen verwendet werden. Außerdem den Transportbehälter mit Packpapier o.ä. als Sichtschutz umhüllen (Luftschlitze freilassen!). Als Höhlenbewohner wird das Tierchen den Transport im Dunkeln ohne jede Panik gelassen überstehen. Unterwegs bleibt die Box natürlich geschlossen, auch wenn die Neugier und Vorfreude noch so groß ist. Wichtig ist außerdem, daß man sich nirgendwo lange aufhält und die Box nicht in der Sonne oder auf dem aufgeheizten oder kalten Autositz steht. Im Winter ist der beste Platz unter einem Kleidungsstück am Körper.

DAS HEIM

Vor allem eine möglichst große Bodenfläche und zusätzliche Etagen, über Leitern oder Fallrohre erreichbar, sollen unserem kleinen Freund viele Möglichkeiten bieten, sich auszulaufen und auszutoben.
Deshalb gilt beim Kauf eines Hamsterheims: je größer, desto besser. Die Mindestmaße: 70–80 cm Länge und 40 cm Breite. Die Erfahrung hat gezeigt, daß

Nagerheime sollen so groß wie möglich sein und mehrere Etagen haben.

Hamster länger leben, wenn ihnen ein größerer Lebensraum zur Verfügung steht! Ein absoluter Trugschluß ist es, zu glauben, daß man mangelnde Größe mit einem Laufrad oder gelegentlichem Freilauf im Zimmer ausgleichen könnte.

Das Hamsterheim sollte eine Unterschale aus unbedenklichen Materialien haben, der weder der Zahn der Zeit noch Goldis Zähne etwas anhaben können. Hohe Schalen verhindern, daß beim Buddeln die Einstreu neben dem Heim landet. Der Gitteraufsatz soll blendfrei und quer verdrahtet sein, und der Abstand zwischen den einzelnen Stäben so eng (circa 1 cm), daß das Tierchen gut klettern, aber nie den Kopf zwischen die Stäbe zwängen kann. Am besten ist es, wenn die Türen seitlich oder vorne angebracht sind, so daß man dem Hamster den Zugriff von oben erspart, den er wie den riesigen Schatten eines Raubvogels empfindet. Die Klammern zwischen Oberteil und Unterschale sollten aus Metall sein, weil Plastikklammern den scharfen Nagezähnen wenig standhalten und verschlucktes Plastik nicht gesund ist.

Eine Haltung auf Gitterrost muß als grobe Tierquälerei gelten; hier können die Hamster weder graben noch ungehindert laufen. Auf Dauer schadet eine solche Unterbringung auch den empfindlichen Sohlen der kleinen Füße.

DAS HAMSTER-TERRARIUM

Eine interessante Variante ist ein Hamster-Terrarium (Cricetarium), denn darin lassen sich Zwerghamster, aber auch Goldhamster am besten beobachten.
In einem konventionellen Heim erhält man kaum einmal einen Einblick in das unterirdische Leben der Hamster. In einem Cricetarium eröffnen sich sowohl für die Tiere als auch für den Pfleger kaum erahnte Möglichkeiten, das arteigene Wesen und Tun auszuleben bzw. zu beobachten.
Die Einstreu läßt sich höher schichten, was dem Wühl- und Buddeltrieb unserer Pfleglinge entgegenkommt. Dazu kommen Röhren aus

Ein Hamsterterrarium bietet viel Auslauf und interessante Einblicke ohne Gitter.

Kork (vorher überbrühen!) oder nagefestem Plastik, die zum Ausbuddeln halb mit Substrat gefüllt werden, und die von außen einsehbaren Schlaf- und Vorratskammern. Lochsteine, Wurzelstücke, Tonelemente usw. zum Klettern und Durchlaufen bieten auf mehreren Ebenen vielfältige Umgebungsreize.

Wichtig ist die zugfreie Querlüftung, so daß sich an keiner Stelle verbrauchte Luft, Feuchtigkeit oder Ammoniakdampf breitmachen kann. Durch die besondere Art der Verklebung wird verhindert, daß die kleinen Nager an die Silikonnähte gelangen, wie dies bei herkömmlichen Terrarien der Fall wäre. Möglichst große Schiebetüren erleichtern den Zugang.

VORSICHT: Ausgemusterte Vogelheime taugen wegen der geringen Bodenfläche und der meist ungeeigneten Verdrahtung ebensowenig wie Aquarien aus Glas oder Kunststoff, weil darin kein Luftaustausch möglich ist (Feuchtigkeit schlägt sich nieder, oder es gibt einen Hitzestau.) Die Tiere säßen in einer ungesunden Ammoniakwolke, wenn einmal vergessen wird, die Kloecke zu säubern. Auch der Kontakt zu Umgebung und Pfleger ist darin kaum möglich.

NÄPFE UND RAUFEN

Zur Grundausstattung gehört ein möglichst standfester, vor allem aber nagefester Futternapf (am besten aus Ton, glasiertem Steingut oder unzerbrechlicher, Hartplastik), der sich gut reinigen läßt. Ebenso empfehlenswert ist ein metallener Futterspender.

Für kleine Mengen Heu sollte eine Metallraufe vorhanden sein, die so eng verdrahtet ist, daß der Hamster den Kopf nicht hineinschieben kann, oder so weitmaschig, daß er mit dem Kopf nicht steckenbleibt. Man bringt sie so hoch an, daß er sich jeden Halm kletternd erarbeiten muß.

DIE TRÄNKE

Trinken will und soll unser kleiner Freund immer können. Die Nippeltränke wird so angebracht, daß das Wasser nicht auf Futter oder Schlafhäuschen tropfen kann. Offene Wassernäpfe sind abzulehnen, weil sie zu leicht zugemüllt werden können und jegliche Bodenfeuchtigkeit schadet.

SCHLAFHÄUSCHEN

Unser kleiner Pflegling hat das Bedürfnis, in der sicheren Schlafkammer seines tiefen, wettergeschützten Baues den Tag zu verschlafen und diese ggf. auch als Kinderstube zu benutzen. Als Ersatz bieten wir ein Schlafhäuschen, das sich unser Tagträumer wohnlich

Zum Schlafen: Holzhäuschen oder Nistkobel

einrichten kann. Wir wählen am besten eines aus unbehandeltem Holz, das mittels Rampe oder Rutsche erklettert werden kann und so auch als Ausguck benutzt wird. Holz ist gut geeignet, weil unser kleiner Freund es benagen kann und dabei seine Zähne abnutzt. Zudem schwitzt Holz nicht so sehr, wie dies oft bei Plastikhäuschen ohne Lüftungsschlitze passiert. Ein zweites Häuschen wird häufig als Futterdepot benutzt. Von Vorteil ist es, wenn man das Hamsterhäuschen zur Kontrolle und ggf. zum Reinigen oben öffnen kann oder es keinen Boden hat. Das Schlafhaus wird in die dunkelste Ecke des Nagerheims gestellt. Mit wahrer Begeisterung werden zum Schlafen und Turnen, aber auch zum Benagen und Zerkleinern Nestkobel angenommen, die aus geflochtenen Bananenblättern oder Hirsestroh bestehen.

Mit natürlichen Pflanzen fühlt er sich wohl.

DAS HAMSTERBETT

Damit unser Freund es kuschelig warm und gemütlich hat, bietet man ihm Nistmaterial an, mit dem er seine Schlafkammer ausstattet. Dabei entwickeln Hamster unterschiedliche Vorlieben. Die einen bevorzugen Heu oder Stroh, das sie sich auf die richtige Länge zurechtbeißen, andere nehmen lieber das im Zoofachhandel erhältliche „Hamsterbett". Man legt das Material locker ins Heim. Schon bald wird es ins Domizil getragen.

VORSICHT: Auf keinen Fall sog. kosmetische oder medizinische Watte nehmen, die abgeschluckt gesundheitliche Probleme nach sich zieht, oder gar langfaseriges Perlongespinst (Aquarienfilterwatte), das sich um die Hamsterbeinchen wickeln und sie abschnüren kann. Zeitungspapier, Holzwolle u.ä. können durch ihre Inhaltsstoffe ebenfalls mehr schaden als nutzen.

DIE TOILETTE

Wer läßt sich schon gerne bei seinen wichtigen Geschäften zusehen? Nach diesem Motto ziehen es auch Hamster vor, sich gut gedeckt zu lösen. In ihren natürlichen Bauen haben sie meistens eine Klokammer, denn jeder Gang ins Freie ist lebensgefährlich. Für den Pfleger ist eine Hamstertoilette in Form eines kleinen höhlenförmigen Gefäßes aus Ton oder nagefestem Plastik von Vorteil. Denn ohne immer die gesamte Einstreu auswechseln zu müssen, läßt sich dieser Behälter problemlos reinigen und desinfizieren. Dazu auf keinen Fall stark duftende oder ätzende Haushaltsreiniger verwenden, die sich nicht rückstandslos abwaschen lassen, sondern die im Zoofachhandel erhältlichen, speziell für die Reinigung von Kleintierheimen hergestellten Mittel!

TIP: Nach dem Reinigen gibt man etwas Streu aus dem Hamsterheim in das Toilettengefäß. Damit der Hamster schon beim erstenmal weiß, wofür diese Höhle bestimmt ist, nimmt man etwas Einstreu aus der Kloecke der Verkaufsanlage im Zoofachgeschäft mit.

DIE EINSTREU

Absolute Sauberkeit und Hygiene ist auch bei der Hamsterpflege unerläßlich. Für die Toilette und als Ersatz für den natürlichen Boden eignet sich die im Zoofachhandel angebotene Heimtierstreu für Hamster. Ebenso günstig sind Strohpellets aus Haferstroh, die sich besonders bei der Haltung von langhaarigen Tieren bewährt haben. Die Einstreu darf weder stauben noch zu fein sein (z.B. Sägemehl) oder gar Restfeuchte enthalten.

Die Einstreu wird 8-10 cm hoch in die Unterschale gefüllt, so daß das Tierchen nach Lust und Laune darin graben und richtig wühlen kann.

Eine Hamstertoilette läßt sich leicht reinigen.

VORSICHT: Holzspäne unbekannter Herkunft sind oft biozidbelastet. Gartenerde kann krankmachende Keime und sogar Milben enthalten. Torf ist wegen des hohen Staubanteils ebenso ungeeignet als Einstreu wie Katzenstreu, die zudem schädliche Stoffe enthalten kann.

Trotz Laufrad braucht er ein geräumiges Hamsterheim.

DAS LAUFRAD

In der Natur müssen Hamster große Strecken laufen, um ihre Nahrung zu suchen, ihr Revier zu markieren oder wenn sie an einem Partner interessiert sind. Unseren Heimtieren ist dieser starke Bewegungsdrang noch nicht abhanden gekommen, und gesunde Hamster sind nach dem Aufwachen stundenlang unterwegs. Häufig sind die Nagerheime aber zu klein, und Bewegungsmangel mit den bekannten Folgen ist vorprogrammiert.
Auch bei täglichem Freilauf im Zimmer oder auf einem separaten Tummelplatz wird der Hamster immer wieder einige Runden im Laufrad drehen - auch wenn dies noch so eintönig scheint. Hat sich das Tierchen erst einmal an seinen Rundlauf gewöhnt und man nimmt ihm sein Trimmgerät weg, so sucht es danach und wird sogar mürrisch, apathisch und regelrecht frustriert.
Kunststoffräder müssen nagefest sein, dürfen weder splittern noch scharfkantig sein oder ungesunde Stoffe enthalten. Laufräder aus Metall sollen ohne Querstreben achsseitig geschlossen sein und völlig glatte Sprossen haben. Standfestigkeit muß gegeben sein. Gut sind Räder, die nach vorne völlig offen sind und direkt am Gitter befestigt werden.
Unausbleibliches Quietschen verhindert man, indem man etwas Speiseöl oder Butter auf die Achse gibt. Jegliches Rattern und Lärmen ist auch für unseren stillen Heimlichtuer eine Qual. Deshalb empfiehlt es sich, schon beim Kauf auf einen möglichst lautlosen Lauf zu achten.

WEITERES ZUBEHÖR

Für Grünfutter und Leckereien gibt es Halteklammern. Zur Grundausstattung gehört auch ein mineralstoffhaltiger Nagestein und ein sog. Salzleckstein zur Natriumversorgung.
Röhren aus Korkeiche, Holz oder Ton bzw. nagefestem Kunststoff vervollständigen die Einrichtung - je enger desto besser, so daß der Hamster gerade noch hindurchpaßt.
Unbehandelte Holzstücke oder Holzspielgeräte zum Durchschlüpfen, Klettern und Turnen, die der Hamster mit seinen scharfen Nagezähnen umgestalten darf, gibt es im Zoofachhandel. Einige rauhe Steine helfen,

TIP: Auf keinen Fall sollte bei der Erstausstattung ein Netz (Aquarienzubehör) fehlen, mit dem sich ein entwichener Hamster am besten einfangen läßt und mit dem man zwei Streithähne trennen kann.

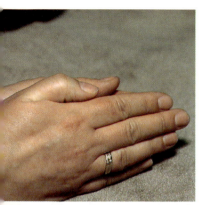

Handzahme Hamster in der hohlen Hand hochnehmen und tragen

daß der Hamster sein Kletterbedürfnis abreagieren kann und dabei auch noch die Krallen abläuft.

EINGEWÖHNUNG

Zu Hause angekommen, wird das Hamsterheim aufgestellt, eingerichtet und der geöffnete Transportbehälter hineingestellt. Nachdem der Hamster von alleine aus der Box herausgekommen ist, wird er sein neues Heim zuerst mit der Nase eingehend inspizieren und eventuell Nistmaterial in seine Schlafkammer eintragen, um darin einen ersten Erholungsschlaf zu tätigen. Natürlich gönnen wir ihm währenddessen die nötige Ruhe.
Insbesondere Kindern muß man erklären, daß das Tierchen den Wohnungswechsel erst einmal verkraften muß, bevor es sich wieder zeigt und sich evtl. berühren läßt..
Erst wenn es gegessen, getrunken, sich ausgiebig geputzt hat und sich völlig entspannt zeigt, kann man damit beginnen, sich mit ihm anzufreunden. Jegliches Erschrecken des Hamsters führt zu Rückschlägen beim Eingewöhnen, manchmal auch zu Vertrauensverlust, wenn man womöglich zu unsanft mit ihm umgeht.

REGELN FÜRS EIN-GEWÖHNEN

▶ Geduldig und ruhig abwarten, bis er Vertrauen faßt, ans Futter kommt und sich beobachten läßt.
▶ Anfangs jeglichen Kontakt mit anderen Heimtieren meiden.
▶ Ihn weder nach draußen noch zu Freunden oder in die Schule mitnehmen.
▶ Man wecke nie einen schlafenden Hamster oder versuche ihn zu streicheln, wenn er sich auf den Rücken wirft, dem „Feind" die Pfoten entgegenstreckt und dabei auch noch faucht. Dann kann es Bisse setzen.

FREUNDSCHAFT SCHLIESSEN

Bekanntermaßen sind die im Zoofachhandel angebotenen Hamster Nachzuchten und deshalb in aller Regel schon mit menschlichen Stimmen, vielen Düften und Geräuschen vertraut. Sie reagieren auf ihren Pfleger nicht mehr wie ihre wildlebenden Artgenossen. Meist haben sie ihre natürliche Scheu verloren, können aber noch wie diese instinktgeleitet reagieren, wenn sie sich bedroht fühlen, erschrecken, gestreßt sind oder man sich ihnen unbedacht von oben (wie ein Raubvogel) nähert.

Am besten wartet man, bis das kleine Kerlchen am Abend seine Aktivitäten startet. Man nähert sich leise sprechend von vorne in Augenhöhe und ohne gleich nach ihm zu greifen. Dann lockt man ihn mit einer kleinen Leckerei, denn auch bei Hamstern geht die Liebe durch den Magen. Bald stellt er seine Reaktionen darauf ein, und schon nach wenigen Tagen kommt er beim Erkennen der Stimme oder wenn man sachte an das Nagerheim klopft und leise seinen Namen ruft, angerannt, um den Leckerbissen in Empfang zu nehmen. Über kurz oder lang wird er von allein auf die Hand kommen.
Übrigens sollte man keine großen Brocken reichen: die nimmt er nur ab, schafft sie sofort ins Vorratslager und wird dann für längere Zeit nicht mehr gesehen, weil er drinnen frißt. Besser ist es, kleine Stückchen anzubieten oder aus der Hand knabbern zu lassen.
Wenn er etwas aus der Hand nimmt, kann man den ersten sanften Körperkontakt herstellen. Anfangs nicht zu heftig kraulen, aber Tag für Tag etwas länger, bis er sich dabei wohlig räkelt oder ganz still hält.

TIP: Damit unseren Hamster der Geruch unserer Hand nicht erschreckt, wäscht man sie ohne Seife mit warmem Wasser und zerkrümelt anschließend etwas Einstreu zwischen den Fingern.

In der Hand niemals drücken – so fühlt er sich wohl.

HOCHHEBEN UND TRAGEN

Dafür gibt es mehrere Möglichkeiten. Geht der Kleine schon von sich aus auf die Hand, hat man relativ leichtes Spiel. Man kann ihn mit den Fingern der anderen Hand vorsichtig von oben aufnehmen bzw. legt die Hand von oben über den Körper, so daß ein kleiner Hohlraum entsteht, in dem er sich geborgen fühlt, ohne flüchten zu wollen.

Gut läßt er sich aufnehmen, wenn man ihn mit leicht gewölbten Händen umgreift, ohne ihn dabei zu drücken. Vom Boden oder aus dem Heim läßt man ihn in eine vorgehaltene Röhre, seinen Transportbehälter etc. laufen. Dies ist vor allem dann zu empfehlen, wenn er den Pfleger noch nicht kennt. Eine Quälerei ist es, ihn am Nackenfell zu packen und hochzuheben. Das macht ihm Angst, und er kann aggressiv reagieren, weil er den Boden unter den Füßen verliert.
Aus der Hand kann der Hamster dann auf unseren Körper krabbeln und dort umherlaufen. Manche lieben es, in weite Ärmel zu kriechen. Natürlich muß

Sicherheit schafft Vertrauen.

Die Hand als Turngerät

man dabei immer ein Auge auf den mutigen Entdecker haben, so daß er keinen Schaden nehmen kann.

VORSICHT: Die kleinen Kerle neigen dazu, sich aus jeder Lage fallen zu lassen. Wenn dies aus größerer Höhe geschieht, machen sie eine fatale Bauchlandung, die ihnen meistens schadet. Also immer über einer Unterlage bleiben oder unmittelbar über der Unterschale des Heims.

Muß man ihn einmal aus einer Zwangslage befreien oder zur Pflege bzw. bei Hilfsmaßnahmen (Verletzung etc.) fixieren, so wird er, mit dem Rücken auf unserer Hand liegend, mit zwei Fingern am Kopf festgehalten, damit er seine Wendigkeit nicht nutzen kann, um aus der Not heraus zu beißen. Grundsätzlich ist zu beachten, daß sich auch handzahme Hamster nicht immer und von Fremden ohnehin nicht gerne anfassen lassen.

FREILAUF BIRGT GEFAHREN

So sehr man den bewegungsfreudigen Tierchen Auslauf und Abwechslung gönnt, muß man darauf bedacht sein, daß jeglicher Freilauf Gefahren birgt. Erst wenn unser kleiner Freund absolut handzahm ist, kann man einen Freilauf unter Aufsicht ins Auge fassen. Grundbedingung ist aber, daß man ihn dabei nicht aus den Augen verliert. Für den Hamster ist der menschliche Wohnraum eine völlig fremde Welt, die er neugierig erforscht. Aber Instinkte, die ihn vor Gefahren warnen, kann er naturbedingt nicht haben. Deshalb muß man den Raum hamstergerecht präparieren und einige Dinge beachten:

▶ Steinfußböden, Fliesen, Parkett oder Kunststoffböden sind meist zu kalt, häufig auch zu rutschig. Deshalb mit einer Reisstrohmatte abdecken.
▶ Gegen Zug und Kälte in Bodennähe ist der Hamster empfindlich.
▶ Teppichböden könnten ihn vergiften (Kleber).
▶ Angenagte Stromkabel stellen eine tödliche Gefahr dar. Sie sollten hochgelegt oder in eine Schutzhülle aus PVC gesteckt werden.
▶ Vasen u.ä. können für den neugierigen Burschen zur tödlichen Falle werden – gefüllt oder leer.
▶ Eimer, Kübel, Gießkannen, aber auch Trinknäpfe für Hund oder Katze bergen dieselben Gefahren, ebenso ein Aquarium oder Zimmerbrunnen.
▶ Weil Hamster neugierig sind und von Dunklem geradezu magisch angezogen werden, sind sämtliche Schranktüren, Schubladen, aber auch Öffnungen wie Astlöcher im Fehlboden oder Zwischenräume zwischen Heizungsrohr und Wand zu verschließen.
▶ Offene Türen und Fenster locken den Hamster zum Ausreißen.
▶ Dann gibt es Dinge, die ein Hamster zum Fressen gern hat: Teppiche, Tapeten, Innereien von Polstermöbeln, Kissen, Vorhänge.

GIFTIGE PFLANZEN
in Haus und Wintergarten, auch in Gestecken und Sträußen

Agaven	Feigenbaum	Mittagsblume
Aloen	Fingerhut	Myrte
Alpenveilchen	Flamingoblume	Narzissen
Amaryllis	Geranien	Oleander
Aronstab	Hakenlilien	Osterglocken
Azaleen	Hortensien	Passionsblume
Bogenhanf	Hyazinthen	Porzellanblume
Christrose	Ilex	Primeln
Christusdorn	Immergrün	Rhizinus
Chrysanthemen	Kalla	Stechapfel
Clivie	Krokus	Virginische Zeder
Dieffenbachie	Kroton	Wandelröschen
Efeu	Lebensbaum	Weihnachtsstern
Efeutute	Liguster	Wolfsmilch-
Eibe	Mahonie	gewächse
Engelstrompete	Maiglöckchen	Zimmerkalla
Farne	Mistel	Zwergmispel

▶ Bevor man sich setzt, immer nachsehen, ob der kleine Freigänger nicht unter einem Polster hockt.
▶ Schuhe üben eine magische Anziehungskraft auf ihn aus.
▶ Die Gefahr, daß man auf ihn tritt, ist ebenfalls groß.
▶ Bekanntermaßen klettern Hamster sehr gut und schliefen in den Spalten zwischen Schrank und Wand nach oben. Abwärts lassen sie sich häufig fallen. Angst vor der Tiefe scheint bei den ursprünglich bodenlebenden Hamstern, die sich bei Gefahr in die Fallröhre ihres Baues plumpsen lassen, nicht vorhanden zu sein. Und schon ein Sturz aus 1 m Höhe kann für sie tödlich sein.

Deshalb Schränke so weit abrücken, daß der kleine Kerl keinen Halt mehr zwischen Schrank und Wand findet.
▶ Dann gibt es in fast jeder Wohnung hochinteressante Blumentöpfe, Schalen etc., in deren Erde es sich so wunderbar wühlen läßt. Darüber hinaus sind unsere Pfleglinge in der Lage, aus

Schuhe aller Art werden gern erkundet – Vorsicht beim Freilauf!

wohlgehüteten botanischen Raritäten mit ihren scharfen Zähnen ein abstraktes Kunstwerk zu gestalten.
▶ Selbstverständlich müssen andere Heimtiere, vor allem Hund oder Katze, draußen bleiben, wenn der Hamster Auslauf hat.

VORSICHT, GIFT-PFLANZEN!

Aber auch Blumensträuße und Gestecke aller Art gehören zu den Objekten ihrer Begierde. Leider gibt es darunter einige giftige, die zwar nicht alle tödlich wirken, aber oft zu Unpäßlichkeiten führen. Besonders gefährlich sind erfahrungsgemäß die im Kasten aufgeführten Pflanzen, aber auch vor anderen, z.B. Kakteen, ist zu warnen. (So hoch wie möglich aufstellen!)

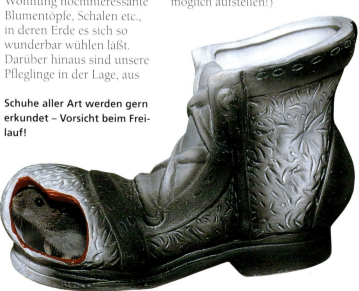

Giftig und gefährlich: Efeu, Dieffenbachie, Croton, Flamingoblume, Amaryllis, Christusdorn, Kakteen (Euphorbien) und viele Blumensträuße und Gestecke.

DER SPIELPLATZ

Grundsätzlich birgt „Wildlife" im Zimmer mehr Gefahren als Nutzen. Deshalb empfehle ich für den täglichen Auslauf ein möglichst großes Abenteuergelände außerhalb des Nagerheims. Für diese Erlebniswelt eignet sich die hohe Unterschale eines Kaninchenheims (ca. 100-120 cm lang) mit etwas Einstreu. Bei der Einrichtung gehen wir von dem natürlichen Bewegungs- und Beschäftigungsbedürfnis des Hamsters aus. Wir verwenden Dinge, die zu natürlichen Verhaltensweisen anregen:
▶ Röhren mit unterschiedlichem Durchmesser aus Ton, Korkeiche oder anderen natürlichen Materialien zum Durchlaufen,
▶ vielgestaltige nagefeste Kunststoffröhren aus dem Zoofachhandel kaufen kann,
▶ „Nester" aus pflanzlichen Materialien mit mehreren Ein- und Ausgängen zum Klettern und Knabbern,
▶ phantasievolle Turngeräte aus Holz zum Klettern, Hindurchschlüpfen und Nagen,
▶ Wurzelholz (Aquaristikzubehör),
▶ sehr beliebt und frequentiert ist eine Schale mit Vogelsand zum Buddeln, Scharren und Wälzen,
▶ ein Lochstein, in dem sich Leckerbissen verstekken lassen, regt zum Suchen und Klettern an (die Krallen werden abgewetzt). Wenn man das Ambiente regelmäßig verändert, findet der Hamster immer wieder Abwechslung. So bleibt er fit und auch geistig rege. Vorsicht: Vor Papp- und Papiergegenständen möchte ich ausdrücklich warnen, denn Kleber, Bleichmittel, Druckerschwärze usw. sind ungesund.

DER AUSREISSER

Hamster sind Weltmeister im Ausreißen. Auch der zahmste nutzt jede Gelegenheit, um sich von einer Sekunde auf die andere wieselflink auf und davon zu machen. Die kleinste Spalte, durch die der Kopf paßt, benutzt er als Tor zur Freiheit. Wenn man ihn gerade noch davonhuschen sieht, wäre es total verkehrt, ihn mit einem Stock oder Besenstiel auf seiner Flucht zu bremsen. Erst einmal in Panik geraten, wird er in der nächstbesten Ritze oder Spalte verschwinden und durch nichts mehr hervorzulocken sein. Besser ist es, sich an eine Wand zu setzen, denn er läuft nach einiger Zeit immer an der Wand entlang und meist direkt auf einen zu.

Ist der Hamster unbemerkt entkommen, ist wildes Möbelrücken sinnlos. Besser, man schließt die Tür, räumt alles Freßbare weg und wartet ab. Bald stellen sich ohnehin Hunger und Durst ein, und einem ausgelegten Leckerbissen kann er dann kaum widerstehen.

Außerdem kann man das offene Heim direkt an eine Wand stellen. In der Regel findet man den Hamster am nächsten Morgen selig schlummernd in seinem Häuschen.

TIP: Besteht die Möglichkeit, daß der Ausreißer sich in andere Zimmer verkrümelt hat, werden am Abend in jedem Raum abgezählte Haselnüsse oder Apfelstückchen ausgelegt und die Türen geschlossen. Am nächsten Tag kann man dann feststellen, wo die „Jagd" von Erfolg sein wird.

Zusätzlich wird ein Eimer mit Futter an eine Couch oder ähnliches gestellt. In diesen wird er sich vielleicht fallen lassen, um etwas zu fressen, und kommt an den steilen Wänden nicht mehr hoch. Es versteht sich von selbst, daß man Vasen, Gefäße und dergleichen aus dem Zimmer nimmt. Schubläden und Schränke sind zu schließen, nachdem man sich vergewissert hat, daß der Aus-

An den Blättern aufgehängte Maiskolben sind begehrt.

reißer nicht darin ist. Nach 2 oder 3 Tagen kann der „ausgewilderte" Hamster reichlich mürrisch reagieren, wenn Sie ihn einfangen wollen. Deshalb sollte man ihn trotz aller Aufregung mit einem Netz und viel Gefühl aufnehmen.

Der Tummelplatz wird reichhaltig mit natürlichen Materialien ausgestattet.

Hamster richtig füttern

Liebe geht immer durch den Magen

Den wildlebenden Hamstern steht in ihrem kargen Lebensraum sowohl pflanzliche als auch tierische Nahrung zur Verfügung.

In den Steppen und Halbwüsten sind die Tiere jedoch gezwungen, auf Vorrat zu hamstern, um in den knappen Zeiten vom Eingesammelten zu zehren.

Auf ihrem Speisezettel stehen auf Trockenheit spezialisierte Pflanzen und Pflanzenteile wie Blätter, Blüten, Samen, Früchte, Wurzeln, Rinde und Keimendes, aber auch tierisches Eiweiß, hauptsächlich Insekten. Instinktiv naschen sie auch von Kräutern, die das Wohlbefinden und die Abwehrkräfte steigern. Deshalb munden ihnen auch Heilpflanzen wie Huflattich, Wegerich und Löwenzahn so gut.

Weil es tagsüber zu heiß ist und auch zu viele Gefahren lauern, gehen Hamster bei Dämmerung auf Nahrungssuche. Vor Ort wird das Gefundene meist nur gehamstert und in den Backentaschen auf schnellstem Weg zur Futterkammer gebracht. Dort wird in Ruhe und Sicherheit gefressen und auch der Vorrat eingelagert.

FUTTERANGEBOT

Damit die Tiere gesund und vital bleiben und lange leben, ist möglichst abwechslungsreiche, ballaststoffreiche und fettarme Nahrung

So soll Heu nicht aussehen: weder grau, gelb noch staubdurchsetzter Abfall.

nötig. Nicht zu vergessen saftiges Grün, Gekeimtes, Halbreifes oder milchreife Körner (z.B. Mais)! Vollwertige Nahrung enthält Eiweiß, Fett, Kohlenhydrate, Vitamine, Mineralien, Spurenelemente und Ballaststoffe in der genau richtigen Zusammensetzung. Wie alle Nagetiere müssen Hamster ihre ständig nachwachsenden Zähne abnutzen, und je länger sie mit dem Abbeißen und Kauen der Nahrung beschäftigt sind, desto besser. Dabei kommt es nicht so sehr auf die Härte des Gefressenen an, sondern hauptsächlich auf das häufige Aufeinanderreiben der Zähne. Darüber hinaus wird bei der Nahrungssuche und -aufnahme auch das natürliche Beschäftigungsbedürfnis befriedigt. Gesundheit und ein langes Leben hängen also entscheidend von einer artgerechten, d.h. vollwertigen Ernährung ab.

Vorsicht: Nahrungsmittel von unserem Tisch sind völlig ungeeignet!

FERTIGFUTTER

Als Grundstock dient ein gut gemischtes Fertigfutter aus dem Zoofachgeschäft mit unterschiedlichen Körnern und Sämereien. Zu Fetthaltiges wie Nüsse, Hanf und Sonnenblumenkerne sollte nur in geringer Menge enthalten sein. Einige Kürbiskerne und etwas Johannisbrot sind erlaubt. Die Bestandteile sollen frisch sein. Fetthaltiges ist zwar stets begehrt, macht aber auch dick. Nicht alles, was gut schmeckt, ist auch gesund!

FUTTER LAGERN

Um den Wert des Fertigfutters zu erhalten, muß es möglichst frisch sein (auf Mindesthaltbarkeit achten, keine zu großen Packungen kaufen) und kühl, trocken, dunkel und geruchsneutral gelagert werden. Mäuse, Nager und Schadinsekten dürfen das Futter nicht erreichen. Es darf weder im Freien noch neben Reinigungs-, Desinfektions-, Schädlingsbekämpfungs- oder Düngemitteln liegen oder gar in der Nähe von Treibstoff.

HEU

Bestes Heu rundet das Futterangebot ab: es wird gerne gegessen und auch als Nestbaumaterial verwendet. Es enthält viele Ballaststoffe, Mineralien und Spurenelemente. Schlechtes Heu ist sein Geld nicht wert – im Gegenteil: es kann schaden.

In Maßen gegeben sind Nüsse gesund.

QUALITÄTSKRITERIEN FÜR HEU

- sichtbare Kräuter, viele Gräser mit Blättern, Blüten und Fruchtständen
- die Stengel sind 20 bis 35 cm lang
- die Farbe soll grün sein, nicht grau
- es duftet aromatisch
- es muß von biozidfreien Wiesen stammen und darf nicht schadstoffbelastet sein
- es ist trocken, staub- und schimmelfrei
- es liegt locker in der Umhüllung

WERTVOLLES GRÜN

Obwohl viele Hamster ein Leben lang ausschließlich mit Fertigfutter, hin und wieder Heu oder etwas Obst bzw. einer Möhre auskommen müssen, gehört eine vielfältige Grünfütterung zu einer artgerechten Ernährung. Saftfutter ist gesund, weil es neben wertvollen Proteinen, Vitaminen, Vitalstoffen und Spurenelementen auch Ballaststoffe enthält. Mit Wildpflanzen, Obst und Gemüse zur Fertignahrung können wir unseren Hamster optimal ernähren.

Mit wahrer Begeisterung stürzt sich unser kleiner Freund auf alle saftigen Leckerbissen. Da sie schnell verderben, sollte man die Portionen aber so klein halten, daß sie während einer Nacht aufgefressen werden; Reste werden sofort weggeworfen. Das Saftfutter soll stets frisch, sauber, abgetrocknet, wenn möglich geschält sein.

WILDPFLANZEN SAMMELN

Geeignete Wildpflanzen (insb. Halme, halbreife Sämereien und Fruchtstände) wachsen nahezu überall. Am besten pflücken wir sie von unbewirtschafteten Wiesen, die sich durch einen artenreichen Kräuterbestand auszeichnen, oder auf Grünflächen und in Gärten, die biozidfrei sind.

An einigen Orten sammelt man besser nicht, z.B. an Bahndämmen und deren Umgebung wegen der möglichen Gefahren durch Herbizide und Fäkalien. Straßen und Wegränder scheiden wegen der Abgasbelastung aus, und Parkanlagen sind oft biozidbelastet sowie durch Tierkot verunreinigt (Wurmbefall). Auch die Nähe von Baumschulen und Gärtnereien wegen der möglichen Schadstoffbelastung meiden. Pflanzenschutzmittel und Dünger sind überall gefährlich.

Ganz junge Brennesseln sind besonders im Frühjahr wertvoll. Sie läßt man, um ihre Nesselwirkung zu mindern, als einzige anwelken oder zu Heu trocknen, bevor man sie verfüttert. Nie mehr als 10 % Klee reichen!

Aus der Naturapotheke: Wegerich, Vogelmiere und Gänseblümchen (von oben)

WERTVOLLE FUTTERPFLANZEN

Beifuß	Huflattich	Salbei
Blaue Luzerne	Kamille	Sauerampfer
Brennesseln	Löwenzahn	Vogelmiere
Gänseblümchen	Melde	Wegerich
Hasenscharte	Pfefferminze	Weißklee
Hirtentäschelkraut	Rotklee	Wiesenschafgarbe

VORSICHT, GIFTPFLANZEN!

Seltene oder geschützte Futterpflanzen werden hier nicht genannt, ebensowenig solche, die mit giftigen verwechselt werden können. Generell gilt: Hände weg von Unbekanntem!

SAMMELTIPS

▶ Nur den Tagesbedarf sammeln.
▶ Nur saubere und trockene Kräuter nehmen.
▶ Keine welken oder vergilbten Blätter verwenden.
▶ Pflanzen sauber abschneiden, nicht abrupfen.
▶ Nie das letzte Exemplar vom Standort nehmen.
▶ Die Pflanzen luftig und kühl transportieren.
▶ Das Sammelgut sofort verfüttern.

GRÜNES ANBAUEN

Ganzjährig läßt sich in der Wohung, ab April auch draußen, das begehrte Grün für unser Leckermaul aussäen. Man braucht dafür nur wenig Platz und verwendet Anzuchterde in Ton- oder Keramikgefäßen, weil sie atmungsaktiv und chemisch einwandfrei sind. Man besorgt eine unbehandelte Saatgutmischung: Grassamen, verschiedene Hirse oder Getreide. Das Saatgut wird gleichmäßig ausgebracht, etwa 2–3 Samen pro cm² Erdreich. Anschließend 1 cm hoch mit Erde bedecken und mit lauwarmem Wasser angießen. Warm und hell aufgestellt und stets mäßig befeuchtet, kann die Ernte bereits nach 3–4 Wochen beginnen. Damit keine Versorgungslücken entstehen, werden alle 2–3 Wochen neue Pflanzungen angelegt. Auf Dünger sollte man verzichten.

TIP: Wem dies alles zu umständlich ist, der kann im Zoofachhandel Katzengras oder ein kleines Set zum Aussäen von Grünzeug besorgen („Vogelwiese"). Auch gekeimtes Getreide (Weizen, Soja, Mais) aus der Keimbox ist wegen des hohen Vitamin-E-Gehaltes ideal.

OBST UND GEMÜSE

Als willkommene Zukost und zur Abrundung des täglichen Menüs naschen Hamster gerne frisches reifes Obst wie Apfel, Birne oder Melone (schälen!). Auch geschälte Möhren und Paprika, kleine Stückchen Gurke, Fenchel und Topinambur, wenige Körner Zuckermais sowie Liebstöckel, Kresse, Salbei, Wermut, Borretsch und Dill sind in kleinen Mengen geeignet.
Wenig Petersilie (keine Samen!) mit ihren wertvollen Inhaltsstoffen wird kleingeschnitten unter das Grün gemischt. Sie verbreitet

GIFTIGE WILDPFLANZEN

Bärlauch	Buschwindröschen	Narzissen
Bilsenkraut		Rebendolde
Bingelkraut	Eisenhut	Sauerklee
Bittersüßer Nachtschatten	Fingerhut	Schneeglöckchen
	Gundermann	Schwedenklee
Bleicher Schöterich	Hundspetersilie	Wolfsmilch-
Bunte Kornwicke	Maiglöckchen	gewächse

Frischkost, z.B. Obst und Gemüse, ist lecker und gesund.

Tierisches Eiweiß muß sein.

auch noch einen aromatischen Geruch.
Es versteht sich von selbst, daß die Köstlichkeiten am besten aus biologischem Anbau stammen und unbehandelt sein sollen. Manche Pflanzen (Möhren, Löwenzahn usw.) enthalten Farbstoffe, deshalb können das Fell (insbesondere weißes) und der Urin gefärbt sein!

RICHTIG FÜTTERN

Auf jede Futtersorte muß das Tier langsam mit kleinen Mengen eingestimmt werden. Beim Kauf fragen, was bislang gefüttert wurde, und ggf. Schritt für Schritt umstellen, indem man mit kleinsten Mengen beginnt und sie täglich steigert.
Nie einseitig, sondern möglichst abwechslungsreich füttern! Von Alter, Temperament, Bewegungsangebot, Behausungsgröße, Beschäftigungsmöglichkeiten und der Temperatur hängt es ab, welche Energiemenge der Hamster braucht. Je wärmer es ist, um so mehr Feuchtes ist gefragt.
Fertigfutter reicht man, auf den frühen Morgen und späten Nachmittag verteilt, über den Futternapf oder -spender. Pünktliche Futtergaben haben sich als vorteilhaft erwiesen.

TIERISCHES EIWEISS

Um dauerhaft gesund zu bleiben, braucht der Hamster, wie in der Natur auch, tierisches Eiweiß. Der Anteil sollte etwa 30-40 % der Gesamtfuttermenge ausmachen.
Wir bieten ihm das Heißbegehrte z.B. in Form von gefriergetrockneten Garnelen. Keinesfalls dürfen für den menschlichen Verzehr bestimmte Krustentiere gegeben werden, weil Hamster auf Konservierungsmittel und Krankheitskeime mit massiven Verdauungsbeschwerden reagieren.
Auch Mehlwürmer, Zoophobas-Larven und -puppen sowie beider Käfer, Wanderheuschrecken und Grillen aus dem Zoofachhandel stellen eine gute Eiweißquelle dar. Zur Not tut es auch einmal ein winziger Streifen mageres Fleisch. Gesund und lecker ist es auch, wenn man mit Hamstervitaminen angereicherten Magerquark direkt vom Finger schlecken läßt. Von all dem Genannten darf nichts gehamstert werden, weil es zu schnell verdirbt. Ein Stück Hundekuchen, der wirklich Fleisch enthält (siehe Packungsaufschrift!) wird gerne benagt und

kann als Ersatz für Lebendnahrung dienen. Schinken und Hartkäse sind genausowenig geeignet wie alle anderen Nahrungsmittel von unserem Tisch.

VORSICHT: In der Natur sollte man keine Insekten fangen, weil man geschützte erwischen könnte und die Tiere mit Parasiten, krankmachenden Keimen oder Bioziden belastet sein könnten.

LEBENDFUTTER AUF VORRAT

Wer nicht jeden Tag Frischware besorgen will oder kann, sollte Mehlwürmer oder Zoophobas für eine Woche oder länger einkaufen. Man hält sie im gut schließenden Nagertransporter, mäßig warm, aber trocken und gibt als Nahrung einen Hundekuchen, Haferflocken und ein kleines Stück Möhre bei. Es schadet nichts, wenn die Larven sich verpuppen und Käfer schlüpfen. Alles wird mit Begeisterung verzehrt. Vor einem Neubesatz muß der Behälter gründlich gereinigt werden.
Grillen oder Heuschrecken lassen sich ca. eine Woche lang als Vorrat halten, wenn man sie zimmerwarm stellt und Gekeimtes zugibt.

DER FUTTERSPASS

In unserer Obhut entfällt die mühsame Futtersuche. Damit unser kleiner Hausgenosse aber körperlich und geistig fit bleibt und seine Instinkte nicht verkümmern, lassen wir ihn seine Nahrung suchen und erarbeiten. Das bringt ihn auf Trab, und es bieten sich interessante Beobachtungsmöglichkeiten; z.B. werden Halme zuerst angenagt, abgeknickt und dann von der Spitze her geknabbert. Bietet man das Trockenfutter in einem Lochstein an, so ist der Hamster gezwungen, jedes einzelne Körnchen aus den Öffnungen zu klauben. Auch das „Hamstern" wird so mühsamer. Mit Grünfutter kann man genauso verfahren.
Wenn man gelegentlich eine Walnuß als besondere Leckerei anbietet, so wird sie halbiert und der Kern in der Schale belassen. Der Inhalt muß dann nagend erarbeitet werden.
Mit Futterklammern aus dem Zoofachhandel lassen sich Leckerbissen an jeder beliebigen Stelle plazieren. Köstlichkeiten, die wie ein Pendel an Schnüren herabhängen, zwingen zum Strecken, Balancieren und allerlei Turnübungen.
Mit vorgehaltenem Lebend-

TAGESMENUE

10–15 g Fertigfutter (1–2 Teelöffel)
1–2 Teelöffel Grün- oder Saftfutter
1–2 trockene Garnelen oder Mehlwürmer oder 1 Wanderheuschrecke oder Grille
Heu zur freien Verfügung
Zweige, Nagerholz zum Knabbern

Futterspaß: Leckeres finden und genießen

futter kann man den Hamster zum Hinterherlaufen verlocken.
Wird die Futtergabe mit einem akustischen Signal verbunden, verknüpft der Hamster sehr schnell, daß bei Aktivitäten etwas Gutes abfällt. Und wir können beobachten, was an Spürsinn, Kraft, Behendigkeit und Ausdauer in so einem kleinen Kerlchen steckt, wenn es darum geht, sich das Objekt der Begierde anzueignen. Von einer Sekunde auf die andere kann ein träger Miniteddy so zum quicklebendigen Klettermaxe werden.
Zur Überfütterung neigen Hamster kaum, denn sie hamstern den Überfluß.

ZWEIGE UND NAGERHOLZ

Frische Zweige, am besten knospend oder mit jungen Blättern, sind äußerst beliebt. Es macht wirklich Spaß, zu beobachten, mit welchem Eifer sich die Kerlchen darüber hermachen, nachdem sie sie berochen und begutachtet haben. Zweige bieten auch wertvolle Inhaltsstoffe: Ballaststoffe, Gerbstoffe und Öle. Beim Abnagen und Kauen nutzen sich die Zähne ab.
Es eignet sich Schnittgut von Kern- und Steinobst, Haselnuß, Buche, Pappel, Erle und Weide – aber nur, wenn sie sicher keine chemischen Rückstände enthalten. Vor dem Verfüttern waschen und abtrocknen! Wer sich nicht sicher ist, einwandfreie Zweige zu bekommen, sollte im Zoofachgeschäft nach sog. Nagerhölzern fragen.

WASSER MUSS SEIN

Hamster stammen aus trockenen Gebieten; dort finden sie kaum Trinkwasser, lecken aber Tau auf. Daher ist es falsch, wenn behauptet wird, daß sie gar nicht zu trinken brauchen. Vor allem, wenn nur Trockenfutter angeboten wird, muß dieses Lebenselixier als erquickende Erfrischung und zur Ergänzung des Flüssigkeitsbedarfs immer zur Verfügung stehen.
Wir bieten den Tieren daher sicherheitshalber täglich frisches Wasser in Nippeltränken an. Täglich wird die Flasche gesäubert und gefüllt.

WASSERQUALITÄT

Leider läßt die Trinkwasserqualität immer mehr zu wünschen übrig. Schadstoffe, Chlor, aber auch Kupfer fließen häufig aus den Leitungen. Um den schädlichen Kupfergehalt so gering wie möglich zu halten, wird die Flasche erst dann mit

Dies alles braucht unser Hamster.

Blüten sind besonders lecker (Echinacea purpurea).

Auch Löwenzahn ist bei Hamstern begehrt.

kaltem Wasser gefüllt, wenn frühmorgens aus der Standleitung schon viel Wasser abgelaufen ist! Chlor kann durch Erhitzen aus dem Wasser entfernt werden; danach abkühlen lassen. Wenn das Trinkwasser mit Nitrat (über 40 mg/l) oder anderen Schadstoffen belastet ist, kann man kohlensäurefreies „stilles" Mineralwasser geben, das natrium- und salzarm sein muß. Ebenso Wasser, das mit einem Haushaltsfilter aufbereitet wurde.
Der Organismus des Hamsters verträgt keine Giftstoffe, und mancher frühe Tod, der unerklärlich schien, kann z.B. auf kupferhaltiges Trinkwasser zurückzuführen sein.

VORSICHT: Ausdrücklich ist vor destilliertem Wasser zu warnen, weil es schadet. Ebenso falsch wäre es, Milch anzubieten. Sie ist schwer verdaulich und kann zu Durchfall führen.

ESSMANIEREN

Wie viele Nager können Hamster mit ihren Vorderpfötchen Nahrungsbrocken sicher greifen, festhalten und äußerst geschickt drehen und wenden. Zudem verstehen sie es, dabei trotz heftiger Arm-, Pfoten- und Kopfbewegungen auf den Hinterbeinen sitzend die Balance zu halten. Ganz zu schweigen von der Leichtigkeit, mit der der Inhalt der weit abstehenden und prall gefüllten Hamstertaschen bewegt wird.

DAMIT FUTTER NICHT SCHADET

Weil unser kleiner Freund kein Küchenschweinchen ist, soll er nicht mit schwer verdaulichen Nahrungsmitteln, Kohl, Kraut oder gespritztem Salat gefüttert werden. Grüne Teile von Möhren und Kartoffeln, aber auch Zwiebeln, Lauch und deren Triebe sowie rohe Bohnen darf er nicht bekommen, das kann tödlich sein. Auch altes Brot ist ungeeignet, weil es zuviel Gewürze und Fett, aber kaum Vitamine enthält. Gesalzenes ist genauso unbekömmlich wie Süßigkeiten, Plätzchen und Kuchen. Süßes kann beim Hamster sogar Karies verursachen.

VORSICHT: Dickmacher sind die stark ölhaltigen Nüsse und fettreiche Sämereien (Hanf, Sonnenblumenkerne). Aber auch zuviel Haferflocken, Hundekuchen usw. können schaden. Das Futter soll fit und satt, aber nicht fett machen.

DAS BLÜTENMENÜ

Wer seinem Tierchen etwas besonders Gutes tun will, kann Blüten anbieten: z.B. Löwenzahn, Gänseblümchen, Vogelmiere, Wegerich, Ringelblume (Calendula) und Rudbeckien (Echinaceae purpurea). Man gibt täglich eine einzelne Blüte oder mischt Teile verschiedener Blüten.

LECKEREIEN UND ZUSÄTZE

Wer seinen Feinschmecker verwöhnen und beschäftigen will, kann die im Zoofachhandel zum Nagen angebotenen Leckereien geben, die nicht schnell satt und fett machen. Akzeptabel sind alle Produkte, die vorwiegend Wildkräuter, Trockengemüse und Trockenobst enthalten oder mit Heu vermischt sind, ebenso spezielles Nagegebäck zum Zahnabrieb. Bei Mangelerscheinungen (z.B. mattes Fell) sind nach Absprache mit dem Tierarzt evtl. vitamin- und mineralstoffhaltige Produkte zu reichen. Flüssigvitamine werden über das Trockenfutter gegeben. Sie müssen immer trocken, dunkel und nicht zu warm gelagert werden. Bei Haarausfall (z.B. nach der Geburt) können auch Keimöle helfen.

Pflege und Krankheitsvorsorge

Hamster richtig versorgen

Je mehr positive Erfahrungen unser Pflegling von Anfang an mit uns gemacht hat, desto geduldiger, angstfrei und ohne Streß läßt er sich pflegen.

Alle Hamster sind reinlich und putzen sich täglich.

PFLEGE

Alle Hamster sind überaus saubere und reinliche Tiere. Das Fell ist der Spiegel ihrer Gesundheit. Es schützt die Haut vor Austrocknung und Umwelteinflüssen und dient wildlebenden Tieren als Tarnung. Ist der Hamster gesund, liegt das Fell glatt am Körper an und glänzt. Das Fell der Feldhamster wurde früher als Mantelfutter verwendet.
Bei unserem Hamster läßt sich Abend für Abend folgendes beobachten: Unmittelbar nach dem Aufwachen streckt und dehnt er sich, dann folgt das Fellpflege-Zeremoniell: Von Kopf bis Fuß wird das Haar gereinigt, lose Haare entfernt und anschließend alles wieder geglättet. Dabei sitzt er aufrecht, und die beleckten Vorderpfoten waschen unter oft geradezu artistisch anmutenden Verrenkungen den Körper. Wenn nötig, wird noch mit der Zunge nachgeholfen oder mit den Hinterpfoten gekratzt, wenn es juckt.
Kurzhaarige Tiere braucht man deshalb kaum einmal zu bürsten oder zu kämmen. Bei langhaarigen Angora- oder Teddyhamstern ist dies nötig, denn trotz aller Putzbemühungen kann es zu Verfilzungen und Verklebungen kommen. Deshalb muß ihr Fell täglich mit einer Kleintierbürste oder einem sog. Insektenkamm geordnet werden. Knoten im Fell darf man nicht etwa ausbürsten, sondern muß sie mit einer stumpfen Schere herausschneiden.
Sollte der Kleine sich auffällig oft kratzen, so empfiehlt es sich, ihn über einer weißen Unterlage mit einem möglichst engzinkigen Insektenkamm zu kämmen, um Plagegeister zu entdecken. Liegt ein Befall vor, gibt es im Zoofachhandel gut wirksame Gegenmittel. Wird das Fell auffällig dünn, matt oder struppig, sollte man ein Multivitamin- und Spurenelementepräparat geben.

TIP: Zur Vorbeugung gegen Parasiten kann man über dem Hamsterheim einen Trockenstrauß aus Lavendel, Minze, Rainfarn, Wermut, Gartenraute und Rosmarin aufhängen.

Gründlich wird das Fell mit den angefeuchteten Pfoten gepflegt.

Auf keinen Fall darf man Hamster baden. Bei artgerechter Haltung wird dies auch nicht nötig sein. Das Hamsterfell enthält kaum wasserabweisende Stoffe, saugt sich sofort voll, und eine tödliche Erkältung wäre die Folge.
Beim täglichen Miteinander fällt es leicht, regelmäßig einen Blick auf die Afterregion unseres kleinen Freundes zu werfen. Diese Gegend muß stets sauber, trocken und ohne Verletzungen sein. Auch die Sohlen der kleinen Pfötchen werden kontrolliert, damit man gleich helfen kann, wenn Wunden, Borken usw. auftreten.
Auch Hamsterkrallen können zu lang werden, wenn die Möglichkeit fehlt, sie abzulaufen. Dann behindern sie und können sogar zu Verletzungen führen. Sicherheitshalber sollten Krallen, wenn nötig, nur vom Tierarzt eingekürzt werden. Genauso muß er aufgesucht werden, wenn ein Zahn zu lang wird (durch mangelnde Abnutzung oder eine angeborene Fehlstellung) und es Probleme beim Fressen gibt.

TIP: Läßt sich ein handzahmer Hamster plötzlich nicht mehr anfassen oder zwickt er wie aus heiterem Himmel zu, dann könnte er Schmerzen haben, deren Ursache es zu ergründen gilt.

KRANK – WAS TUN?

Wie bei anderen Tieren auch, beeinflußt eine artgerechte Haltung und Pflege die Gesundheit und Lebensdauer entscheidend. Erwirbt man einen gesunden, munteren Hamster und berücksichtigt seine Ansprüche, treten nach meiner Erfahrung selten ernste Störungen des Allgemeinbefindens auf.
Kommt es trotzdem einmal zu Unpäßlichkeiten, einer ernsthaften Krankheit oder Verletzung, so heißt es, sofort richtig zu reagieren, weil das kleine und zarte Wesen kaum etwas zuzusetzen, aber einen Anspruch auf sofortige Hilfe hat. Häufige Pflegefehler, die krank machen:
▶ zu kleine oder ungeeignete Heime
▶ falscher Standort
▶ Fehlernährung (zuwenig Vitamine oder tierisches Eiweiß)
▶ Zugluft, Feuchtigkeit und Kälte
▶ Streß in jeder Form
▶ Temperatursprünge
▶ fehlende Möglichkeiten, sich auszuleben
▶ unbehandelte Verletzungen
▶ mangelnde Hygiene.

Leider kann sich unser Pflegling nicht mitteilen, deshalb können wir jegliches Unwohlsein zuerst nur am veränderten Verhalten erkennen. Auf folgende Alarmzeichen ist zu achten:
▶ Verletzungen und offene Wunden
▶ Lahmen
▶ Haarausfall
▶ stumpfes, struppiges, nicht eng anliegendes Fell
▶ Parasitenbefall
▶ nasses Hinterteil
▶ Durchfall
▶ Ausfluß aus der Nase
▶ röchelnder Atem, Niesen, Husten
▶ triefende Augen, geschwollene Umgebung
▶ Verdacht auf Vergiftung
▶ Gewichtsverlust.

Sind die Ursachen klar, so genügt es schon, diese abzustellen und Hilfe zu leisten. Wenn sich das Tier z.B. häufig kratzt, wird es zuerst nach Parasiten abgesucht. Es kann auch zu einem Hitzschlag kommen. Hamster stammen zwar aus trocken-heißen Gebieten, sind aber nur in der Dämmerung aktiv und verbringen die heiße Tageszeit in ihren Höhlen. Daher sind sie empfindlich gegenüber hohen Temperaturen. Wenn Ihr Hamster schnell hechelnd atmet, eine ungewöhnliche Seitenlage einnimmt, stark zittert und erregt ist, bringen Sie ihn sofort an einen kühlen Ort und sorgen für Frischluft. Auch ein Kälteschock kann auftreten, wenn man z.B. versäumt hat, im Winter das Fenster zu schließen, oder den Kleinen nach dem Saubermachen in Eiseskälte auf dem Balkon vergißt. Man findet ihn dann eng eingerollt und womöglich stark unterkühlt an einem ungewöhnlichen Platz. Dann wärmt man ihn vorsichtig zwischen den Händen. In beiden Fällen bleiben Sie beim Tier, bis es sich erholt hat. Leichte Ohrrandmassage bringt es schneller wieder ins Gleichgewicht; ebenso ein Tropfen der Bach-Blüten-Notfalltropfen „Rescue Remedy" ins Mäulchen. Eine leichte Verstopfung läßt sich mit langsamer Futterumstellung (Trockenes reduzieren, mehr Saftfutter) und zusätzlichem Bewegungsangebot regulieren. Bei Durchfall (aber sonst normalem Verhalten) wird das Saftfutter reduziert. Vor allen Dingen ist es wichtig, die Ursache abzuklären und spätestens dann, wenn der Durchfall nach zwei Tagen imer noch nicht vorbei ist, den Tierarzt zu konsultieren.
Wenn der Hamster eine Backentasche nicht entleeren kann, kann man mit einem angefeuchteten Q-tip ganz vorsichtig helfen. Bei Backentaschenentzündungen muß der Tierarzt ran.

Der Ungezieferkamm pflegt und reinigt.

Kopf und Afterregion müssen stets trocken und sauber sein.

Gesunde Hamster sind mobil und unternehmungslustig.

BEIM TIERARZT

Weil vor jeder erfolgversprechenden Behandlung eine genaue Diagnose stehen muß, ist es sinnvoller, im Zweifelsfall sofort den Tierarzt zu konsultieren, als selber den Doktor spielen zu wollen. Dies ist um so wichtiger, als es sich bei den Erkrankungen durchaus um akute Infekte handeln kann. Achten Sie regelmäßig auf die Krankheitsanzeichen, die auf S. 38 aufgeführt sind, und gehen Sie mit Ihrem Hamster gleich zum Tierarzt, wenn Sie eines dieser Anzeichen bemerken. Am sinnvollsten ist dies gegen Abend, wenn der Hamster wach ist. Verwenden Sie für den Transport das Hamsterheim (vor Kälte, Hitze, Zugluft schützen!). Es hilft dem Tierarzt, wenn Sie folgende Beobachtungen notieren und bei Ihrem Besuch mitbringen:
▶ Wie alt ist der Hamster?
▶ Seit wann ist er in Ihrem Besitz?
▶ Wo und wie wird er gehalten?
▶ Wann haben Sie die Symptome zuerst bemerkt?
▶ Wie äußert sich die Veränderung?
▶ Hat er Appetit und Durst?
▶ Was wurde gefressen und getrunken?
▶ Seit wann ist er apathisch oder frißt schlecht?
▶ Kann er etwas Unerwünschtes aufgenommen haben?
▶ Wie sind die Ausscheidungen geformt?
▶ Gibt das Tierchen Schmerzenslaute von sich (evtl. bei Berührung)?
▶ Wie lange liegt die letzte Trächtigkeit zurück?

Eventuell eine Kotprobe mit in die Praxis bringen! Bei Verdacht auf Vergiftungen angefressene Pflanzenteile mitnehmen, außerdem eine Aufstellung, was alles in Reichweite des Tieres war.

KRANKENPFLEGE

Ein erkrankter Hamster ist ggf. von den anderen zu trennen. Je nach Diagnose können spezielle Hygienemaßnahmen erforderlich sein, die der Tierarzt Ihnen erklärt. Vor allem ist es wichtig, sich an die Gebrauchs- und Dosieranweisung der Medikamente zu halten und sie richtig zu lagern. Auch hier gibt es Verfalldaten.
Selbstverständlich darf eine angefangene Behandlung nicht auf eigene Faust unterbrochen werden. Erst nach Rücksprache mit dem Tierarzt Medikamentengaben etc. einstellen!
Es sollte selbstverständlich sein, auch auf die eigene Hygiene zu achten (Hände-

waschen usw.), wenn ein krankes Tier im Haus ist. Hamster sind geduldige und sanfte Patienten. Sie brauchen, wenn sie sich nicht wohl fühlen, unser Mitgefühl und unsere ganze Zuwendung.

WOCHENENDE

Ein Wochenende oder 3 bis 4 Tage kann das kleine Kerlchen durchaus einmal allein zu Hause verbringen – vorausgesetzt, daß genügend Futter (nichts schnell Verderbliches) und Wasser vorhanden sind.

Während des Urlaubs bleibt er sicherheitshalber im Heim, hat hier aber auch viel Bewegungsmöglichkeiten.

URLAUB

Ist eine längere Abwesenheit geplant, kann man sich rechtzeitig um einen „Hamster-Sitter" kümmern, der das Tier möglichst schon kennt, sich an die Pflege-Checkliste auf S. 63 hält und sicherheitshalber keinen Freilauf gewährt.
Das Tierchen zu Privatpersonen außer Haus zu geben, kann Probleme mit sich bringen, wenn sich dort Kleinkinder und Haustiere (insbesondere Hunde oder Katzen) befinden. Dann ist es besser, rechtzeitig bei seinem Zoofachgeschäft anzufragen, ob zum gewünschten Termin ein Pensionsplatz frei ist. Dort wird das Tier auf jeden Fall gut versorgt.
Lassen Sie dem Hamster Zeit, sich nach solch einem Aufenthalt wieder an Ihre Stimme und Ihren Geruch zu gewöhnen.
Wenn das Reiseziel es zuläßt (Tierarzt fragen), kann man seinen kleinen Freund mit seiner Behausung auch mitnehmen. Unterwegs immer darauf achten, daß Hitze, Kälte oder Zugluft nicht schaden können!

VORSICHT, LCM!

In Goldhamsterzuchten ist in seltenen Fällen der Virus der Lymphozytären Chorionmeningitis (LCM) aufgetreten. Beim Menschen kann er zu grippeähnlichen Erkrankungen, im schlimmsten Fall zur Gehirnhautentzündung führen. Besonders gefährlich ist LCM für Schwangere: Fehlgeburten können ausgelöst und Seh- oder Geburtsschäden hervorgerufen werden. Schwangere Frauen sollten daher keine jungen (unter 6 Monate alten) Goldhamster halten.
Mäuse gelten als Dauerausscheider, mit denen Goldhamster in Berührung kommen könnten. Deshalb verkaufen seriöse Zoofachhändler nur Tiere aus LCM-freien Zuchten (danach fragen!) und verhindern, daß in ihren Geschäften Mäuse direkt oder über Futtermittel mit Hamstern in Berührung kommen.
Bis zu einem Alter von 3 Monaten können junge Goldhamster selbst an LCM erkranken. An ihnen bemerkt man nach einer Infektion, wenn überhaupt, einen gekrümmten Rücken, struppiges Fell, Lustlosigkeit, Abmagerung oder eine Bindehautentzündung. Und nur selten kommt es bei Hamstern zu Todesfällen. Meist sind sie nach ca. 3 Wochen wieder gesund.
Ab einem Lebensalter von ca. 3 Monaten ist die Gefahr, sich über den Kot,

Besonders ganz junge Hamster sind LCM-gefährdet.

Urin oder Speichel von Tieren mit LCM anzustecken, kaum noch gegeben. Bei neugekauften Hamstern sollte man deshalb auf eigene Hygiene, absolute Sauberkeit des Heims und gute Desinfektion achten. Vor allen Dingen nach jedem Hantieren mit dem Tier und dem Reinigen des Heims die Hände waschen! Küssen sollte man seine Haustiere ohnedies nicht.
Die Inkubationszeit beträgt beim Menschen 6–14 Tage.

UNSER LIEBLING ALTERT

Wenn man es auch nicht wahrhaben will: auch ein optimal gepflegtes Hamsterchen wird relativ schnell alt. Manchmal beginnt dieser natürliche Prozeß mit 1,5 oder 2 Jahren, andere Tiere bleiben bis kurz vor ihrem natürlichen Ende absolut fit.
Meist läßt die Vitalität wenige Wochen vor dem Ende merklich nach. Zuerst bemerkt man nur, daß sie mehr und länger schlafen als sonst, ihre Bewegungen werden langsamer, ihr Gang und Lauf ist nicht mehr so geschmeidig wie früher. Außerdem fressen sie merkbar weniger, sie magern deutlich ab.
Ihr Fell läßt den Alterungsprozeß am ehesten erkennen: es wird matter und liegt nicht mehr so schön und glänzend an.
Wenn man solche Anzeichen beobachtet, reichert man die Nahrung mit zusätzlichen Vitaminen an. Außerdem empfiehlt es sich, das Tierchen seine verbleibende Zeit auf seine Art leben zu lassen und sich über jeden Tag zu freuen, an dem es wieder wach wird. Das rapide alternde Tier braucht die Ruhe, die es sich nimmt. Jeglicher aufgezwungene Streß ist zu vermeiden.
Wenn es auch mit dem wilden Herumtollen nicht mehr richtig klappt, so legt unser Hamsterchen doch noch großen Wert auf beste Betreuung.
Alte Hamster entschlafen meist ohne merkliche Leiden. Sie wachen eines Tages nicht mehr auf. Kinder kann man trösten und ihnen sagen, daß dies zu jedem Leben gehört, daß das Tierchen aber keine Angst vor dem natürlichen Ende kennt.

Verhalten und Bedürfnisse

Der richtige Umgang mit Hamstern

Goldhamster sind nicht nur liebenswerte Streicheltiere, an ihnen lassen sich auch hochinteressante Beobachtungen machen. Denn sie können ein breites Verhaltensspektrum zeigen.

Trotz der Abstammung von nur wenigen Tieren lassen sich noch viele Verhaltensmuster der wilden Vorfahren beobachten – auch bei jenen Tieren, die im Laufe der Domestikation einen Teil ihrer Aggression verloren haben. Vor allem die creme-, beige- und weizenfarbigen sollen am liebenswürdigsten sein.

Um ihr Verhalten deuten und sich darauf einstellen zu können, empfiehlt es sich, möglichst viel über Hamster zu wissen. Dies gilt besonders für Kinder, die Hamster oft fälschlich als lebendiges Spielzeug betrachten, was sie natürlich nie und nimmer sind.

FLUCHTTIERE?

Hamster gelten als liebenswert, wenn sie erst einmal handzahm sind. Wer sich intensiv mit ihnen beschäftigt, weiß aber, daß sie auch recht mißtrauisch und wehrhaft sein können. In ihrer Heimat sind Hamster vielerlei Gefahren durch Freßfeinde ausgesetzt. Daraus resultiert sicher, daß sie dämmerungs- und nachtaktiv sind. Außerhalb der Paarungszeit sind Hamster absolute Einzelgänger, die ihr Territorium deutlich markieren und es gegen innerartliche Nahrungskonkurrenten vehe-

Ohren, Augen und Näschen sind stets in Aktion.

Jede Nahrung wird zuerst beschnuppert.

DIE NASE

Einer sensiblen, stets aktiven Hamsternase bleibt kaum etwas verborgen. Hamster können weit besser riechen als wir. Wenn etwas ihre Aufmerksamkeit erregt, richten sie den Kopf in Richtung der Geruchsquelle und saugen mit ihrem feinen Näschen,

Der Fährtenleser

ment verteidigen. Ansonsten bleibt ihnen nur die Flucht in den sicheren Bau. Fürs Überleben hat die Natur sie bestens ausgestattet. Ihre kurzen, aber muskulösen Beinchen nutzen beim Graben und bringen sie schnell auf Touren, und ihr geschmeidiger, walzenförmiger Körper ermöglicht schnelle Wendungen und das blitzartige Einfahren in die Baue.

DIE AUGEN

Die schwarzen Knopfaugen sind buchstäbliche Bewegungsmelder mit weiter Rundumsicht, ohne daß der Hamster den Kopf zu drehen oder wenden braucht. Scharf sehen Hamster anscheinend nur in der unmittelbaren Umgebung; größere Objekte erkennen sie, wenn diese in Bewegung sind. Beides reicht aus, um Gefahren auszumachen und sich rechtzeitig in Sicherheit bringen zu können.
Als nachtaktive Wesen scheuen Hamster grelles Licht, weil sie es nicht durch Verengen der Pupille abschirmen können. Deshalb sollte man sie möglichst auch bei gedämpftem Licht pflegen.

das mit der typischen Hasenscharte ausgestattet ist, heftig schnuppernd die Geruchsmoleküle ein.
Auf fremde Gerüche, z.B. Putzmittel, Toilettenartikel oder Küchengerüche, reagieren sie mit deutlichem Unbehagen, was vom Sichdrücken-wollen bis hin zu aggressivem Drohen oder gar Beißen reicht.
Begegnen sich Artgenossen, so beschnüffeln sie sich stets ausgiebig, beginnend am Hinterteil oder an den Flanken. Man verschafft sich so den richtigen Überblick über den anderen, was besonders vor einer Paa-

rung wichtig ist. Paarungsbereite Weibchen lassen dies über ihre Markierungen erkennen. Das gleiche gilt für das „Geruchslesen" im eigenen Revier, vor allem an den Reviergrenzen, sowie beim Auffinden von Nahrung.
Wie stark solche Duftbilder sind, zeigt ein Beispiel: Goldhamster, die nie voneinander getrennt waren und gut harmonierten, sind nur für kurze Zeit getrennt und werden dann wieder zueinander gesetzt. Das andere Duftbild läßt schlagartig jegliche Koexistenz vergessen, es kommt zu Aggressionen, und der ehemalige Partner wird rüde behandelt.

DAS GEHÖR

Zur perfekten Anpassung an Lebensraum und Lebensweise gehört auch das gut ausgeprägte Gehör, das sogar bis in den Ultraschallbereich reicht.
Die relativ großen Ohren muten geradezu wie hochempfindliche Satellitenschüsseln an. Mit ihnen werden Richtung und Entfernung sowie Lautstärke der Schallquellen exakt bestimmt. Im Wachzustand sind sie voll entfaltet und nach vorne gerichtet. Im Schlaf liegen sie zusammengefaltet eng am Kopf an.

Auf die Stimme des Pflegers, das Rascheln und Knistern von Futterpackungen reagieren sie prompt und kommen erwartungsvoll angelaufen. Hamstermütter eilen sofort zu ihren Babys, wenn diese Stimmfühlungslaute ausstoßen oder vor Angst fiepen.

TIP: Leise Töne sind beim Umgang mit unserem lärmempfindlichen kleinen Kobold angebracht. Man nähert sich ihm erst, wenn er auf einen zukommt, nie von oben, urplötzlich und laut, sondern langsam, mit Bedacht, und spricht mit ihm in leisen Tönen. Wenn man zwischen den Fingern etwas Einstreu aus seinem Heim verreibt, stimmt auch die eigene Duftmarke.

DIE TASTHAARE

Hamster besitzen Tast- bzw. Sinneshaare, die sich auf und neben der Oberlippe sowie über den Augen befinden. Sie dienen der Orientierung und zur Wahrnehmung der Lage und Stellung des Körpers im Raum, um sich z.B. im Zwielicht oder Dunkeln in Verbindung mit dem Geruchssinn zurechtzufinden und nicht anzuecken. Nie darf an diesen Haaren gezupft oder geschnitten werden.

MARKIEREN

Über ihren Körpergeruch und die abgesetzten Duftmarken erkennen sich Artgenossen. Je näher sie ihrem Domizil sind, desto mehr wird markiert. Je dominan-

Die Geruchskontrolle wird bei fremden, aber auch bei den eigenen Jungen vorgenommen.

ter, um so heftiger. Zum Markieren besitzen Goldhamster beiderseits hinter dem letzten Rippenbogen schwarz pigmentierte Flankendrüsen (Talgdrüsen), die von dunklen Haaren umgeben sind. Oft werden sie fälschlich für Ekzeme oder abgeheilte Wunden gehalten. Die Flanken werden an Gegenständen gerieben, selbst die Pfötchen dienen zum Verteilen der Duftstoffe.
Keine Hamsterbegegnung ohne Geruchskontrolle! Heftigst wird die Afterregion, die Flanke und das Schnäuzchen berochen. Der andere will dies möglichst nicht geschehen lassen. Jeder will den Vorteil nutzen, den anderen zuerst zu „erkennen". Auf den Zuschauer wirkt es wie ein lustiger Veitstanz, wenn sie sich dabei umeinander drehen.
Aus dem Wohnbereich wird vom erwachsenen Tier jeder Artgenosse vertrieben. Lediglich bei Zwerghamstern (bis auf Campbell-Hamster) gibt es auch gut harmonierende Tiere.
Wenn Weibchen mit dem Einsetzen der Brunft allerdings einen dünnen, durchsichtigen, leicht fädigen Schleim aus der Scheide absondern, ist dies für männliche Hamster ein unmißverständlicher Hinweis, daß sich eine Werbung lohnt.

Dieser Duft, vom Winde verweht, löst in der Natur einen Wettlauf unter den Hamstermännchen aus, die, so schnell wie ihre Beinchen tragen, angelaufen kommen. Jetzt darf, wie besonders bei Zwerghamstern beobachtet, das Männchen sogar in den Bau mit einfahren, um dort die Paarungen fortzusetzen.

ABWEHR

Allgemein gelten Hamster als leicht zähmbar und überaus friedlich. Das stimmt aber nur so lange, bis unser kleiner Freund wider Erwarten doch einmal seine meißelartigen Nagezähne zur Abwehr einsetzt. Einer solchen Aktion ist aber sicher ein Fehlverhalten des Pflegers vorausgegangen. Der Hamster hat vorher als Warnung die Backen aufgeblasen, sich auf den Rücken geworfen, die Vorderpfötchen zur Abwehr nach vorne gestreckt, auch stimmlich durch Fiepen, Fauchen oder gar Angstkreischen und Zähneklappern bzw. deutlich vernehmbares Wetzen derselben deutlich gewarnt. Hamster haben keine Mimik, aber ihre Körperhaltung spiegelt ihren Gemütszustand wider.
Folgende Ursachen können Abwehrverhalten auslösen:

Ein alter Kämpe nimmt Witterung auf und stellt sich.

▶ wenn das Tier aus dem Schlaf gerissen wird,
▶ wenn es bei Berührungen Schmerzen verspürt,
▶ wenn es unsanft oder falsch angefaßt wird,
▶ Streß oder Angst durch andere Heimtiere, Geräusche, Gerüche etc.,
▶ wenn es beim Freilauf gegen seinen Willen eingefangen werden soll und in Panik gerät,
▶ bei plötzlichem Schreck,
▶ wenn man gezwungen ist, zwei Streithähne zu trennen (mit einem Netz und Lederhandschuhen bewaffnet),
▶ wenn eine Hamstermutter ihre Jungen in Gefahr sieht.

RITUALE DER BEGEGNUNG

Begegnen sich zwei Tiere, so lassen sich interessante Beobachtungen machen. Nach dem rituellen Beschnuppern ist eine ganze Palette von Rangordnungs- und Vertreibungsritualen erkennbar. Da kann es passieren, daß sie drohend aufgerichtet, mit aufgeblasenen Backen, zähneklappernd voreinander stehen, einmal kurz rangeln und sich ohne einen Biß trennen und jeder seiner Wege geht.
Wenn man erwachsene Männchen zueinandersetzt, springen sie sich nach dem Beschnuppern an, um den Gegner zu vertreiben. Weibchen wiederum versuchen, den oder die Gegnerin zu umgehen und von hinten oder von der Seite her zu attackieren. Dann wird es Zeit, daß man die Tiere schleunigst trennt.
Wenn in großen Verkaufsanlagen eine ganze Gruppe von Hamstern eng aneinandergeschmiegt schläft, ist dies nur möglich, weil die Tiere noch nicht geschlechtsreif sind und sich mögliche Aggressionen auf viele verteilen. Beim Schlafen herrscht totale Harmonie, in den Aktivitätsphasen wird aber Abstand gehalten. Ein geruchsfremdes Tier dazuzusetzen, ist auch hier nicht möglich.

Ärger gibt es dann, wenn die Tiere geschlechtsreif werden und sich einige nicht unterordnen wollen. Dieses Verhalten ist verständlich, denn im Freiland wäre jeder Artgenosse ein Nahrungskonkurrent.

LAUTÄUSSERUNGEN

Wenn Hamster auch nicht gerade zu den stimmgewaltigen Heimtieren zählen, so verfügen sie doch über einige Ausdrucksmöglichkeiten. Dies beginnt schon bei den Hamsterbabys, die sich leise fiepend bemerkbar machen, wenn sie sich alleingelassen fühlen oder nach Wärme bzw. Nahrung lechzen.
Ältere Hamster fauchen und zischen, wenn eine Auseinandersetzung oder Gefahr droht. In Not geraten, wird aus dem Fauchen ein lautes Quieken oder Quietschen, um den Gegner zur Beendigung der Bedrohung zu veranlassen.
Es gibt außerdem einen Ton der höchsten Angst, der sich zum lauten Kreischen steigern kann.
Auch bei Begegnungen mit Artgenossen lassen Hamster, je nach Stimmungslage, ein Fiepen, Grummeln, Knurren oder Quieken hören. Auch vor und nach der Paarung kann der aufmerksame Zuhörer solche Töne vernehmen.

Abwehrhaltung: „Rühr mich nicht an!"

TEMPERATUREMPFINDEN

Hamster sind temperatursensibel. Dies zeigt schon das Baby, das stets bestrebt ist, einer Wärmequelle zuzustreben, also der Mutter oder dem Nest.
Bei kühlen Raumtemperaturen (unter 20 °C) und schlechtem Wetter, wenn draußen Tiefdruck herrscht, schlafen Hamster mehr und vor allen Dingen länger. Bei ausgesprochenem Hochdruckwetter und 20–25 °C sind sie weitaus aktiver. Auf feuchte und kalte Luft, vor allem Zugluft, reagieren sie mit deutlichem Unbehagen. Im schlimmsten Fall werden sie krank.
Goldhamster halten und brauchen in der Regel keinen ausgesprochenen Winterschlaf. Wissenswert ist je-

doch, daß sie bei Temperaturen unter 16 °C sofort ihr warmes Nest aufsuchen, den Eingang dicht zustopfen und zusammengekugelt in eine Art Starre verfallen. Hält dieser Zustand länger an, wachen sie nur einmal pro Woche auf, um sich zu lösen, eine Kleinigkeit vom Gehamsterten zu essen und weiterzuschlafen. Dies haben Versuche gezeigt. Unter 10 °C schlafen Hamster nur noch und zehren von ihren Fettreserven. Temperaturen unter 0 °C überleben sie nicht.

KINDER UND HAMSTER

Viele Kinder wünschen sich nichts sehnlicher als einen kuscheligen Hamster zum Streicheln. Sie suchen den Körperkontakt mit einem Tier, das mit seinem runden Köpfchen, den schwarzen Knopfaugen und den großen Ohren wie ein lebendiger Miniteddy aussieht.
Da kann es leicht passieren, daß ein Hamster sich nicht so verhält, wie das Kind es erwartet. Als Elternteil sollte man erklären, warum solch ein Tierchen ein Eigenleben pflegt, dabei aber auch unsere Zuwendung genießt. Vor allen Dingen muß man dafür sorgen, daß es nie aus dem Schlaf gerissen wird. Auch Essen, Trinken, Putzen und seine Ruhepausen will der kleine Kerl ungestört genießen.
Als Spielzeug ist ein Hamster überhaupt nicht geeignet. Man kann aber das Wesen des Tierchens und seine vielfältigen Ausdrucksweisen und Lebensäußerungen beobachten und verstehen lernen. Richtige Hamsterpflege bedeutet nicht nur Liebe, sondern auch viel Verständnis, Einsicht und Rücksicht.
Am besten setzt man sich mit dem Sprößling gemeinsam vor das Heim, um zu beobachten, was der neugierige Pflegling so alles treibt. So lernt man sein Tierchen richtig kennen, der Kontakt wird über Leckerbissen geknüpft, und er wird immer inniger, wenn man auf das Wesen des Hamsters eingeht und ihn beobachtet, wenn er auf seinem Tummelplatz nach Herzenslust toben kann.
Über kurz oder lang kommt die Bindung zustande, die das Kind sich wünscht, und die zärtlichen Streicheleinheiten werden von beiden Seiten genossen. Der Hamster wird sich in der Hand oder auf dem Schoß mit geschlossenen Augen wohlig räkeln oder mit Freude, Neugier und Lebenslust auf unserem Körper herumturnen.
Hat er genug getobt, so strebt er von selbst wieder der Geborgenheit seiner Behausung zu, was immer zu respektieren ist.
Übrigens: Aus Rücksichtnahme darf der kleine Hausgenosse nie ins Freie mitgenommen werden.

Jugendliche und ihre Hamster verbindet eine innige Beziehung.

Goldhamsterweibchen sind treusorgende Mütter.

Zucht, Rassen und Arten

Unsere Hamster bekommen Nachwuchs

Mancher wird ganz unfreiwillig zum Züchter, wenn z.B. ein Tier ins Haus kommt, das schon gedeckt worden ist. Dann steht Nachwuchs ins Haus.

Wenn der erfahrene Hamsterpfleger sein Wissen über Werbung, Paarung, Aufzucht vertiefen oder sich einmal an der Hochzucht von Farb- oder Fellformen versuchen möchte, ist es das beste, das Zuchtvorhaben bereits im Vorfeld zu planen.
Die Zucht selbst ist auch bei diesen sprichwörtlich vermehrungsfreudigen Nagern nicht allzu schwer. Zum einen werden Hamsterweibchen schon mit 4–5 Wochen geschlechtsreif, zum anderen können sie 5–8mal im Jahr mit 6–15 Babys auf-

Auch Zwerghamstermütter sind fürsorglich.

Ein teilbares Heim ist optimal, um Geschwister zu trennen.

VORAUSSETZUNGEN

Zuerst muß sowohl für das Männchen als auch für das Weibchen ein eigenes Heim zur Verfügung stehen. Zwei weitere Heime oder ein großes mit Trenngitter sind nötig, wenn die Junghamster nach Geschlechtern getrennt werden müssen. Dafür muß natürlich ausreichend Platz vorhanden sein. Während der Trächtigkeit, nach der Geburt und bis zur Abgabe der Jungen muß man noch intensiver auf die Tiere achten, damit es ihnen an nichts mangelt. Man sollte in dieser Zeit weder in Urlaub fahren noch anderweitig abwesend oder gezwungen sein, die Tiere gerade dann in Pension zu geben.

Schon vor der Zucht ist zu klären, wer letztlich die 6 bis 8 Jungtiere übernehmen wird. Gute Freunde und Bekannte, die die Voraussetzungen für eine glückliche Zukunft ihres Jungtieres mitbringen, sind genauso ideal wie die Abgabe an einen seriösen Zoofachhändler. Auf keinen Fall sollte man die Tiere über ein Inserat anbieten, weil man nie weiß, wo sie letztlich landen.

Wenn Kinder im Haus sind, gibt es in jedem Fall Tränen, wenn der Abgabetag herannaht.

warten, von denen in der Regel nur 8 aufgezogen werden. Die Tragzeit der Hamster ist mit 16 bis 18 Tagen die kürzeste bei den Säugetieren.

So lieb und putzig die Babys auch sind, so ist doch zu bedenken, daß mit der Zucht viel Zeit, Arbeit, aber auch Geldaufwand und vor allen Dingen Verantwortung für den Nachwuchs verbunden sind.

Reich werden kann man von der Hamsterzucht auch bei florierender Koloniezucht nicht (auf die hier nicht näher eingegangen werden soll) - bei dem Preis, den man für einen Hamster erzielt.

Das Weibchen „steht", jetzt kann die Paarung vollzogen werden.

Milchfluß noch nicht gegeben ist, und sie neigen zu Kannibalismus. Außerdem können frühreife Mütter in ihrer Entwicklung Schaden nehmen und mit Wachstumsstörungen reagieren. Sind die Weibchen älter als 15 Monate, wird nicht mehr mit ihnen gezüchtet, weil späte Geburten erfahrungsgemäß die Lebenserwartung herabsetzen. Verantwortungsbewußte Tierfreunde setzen ihre Tiere nicht als Zuchtmaschinen ein!

TIP: Am besten richtet man es so ein, daß der Wurf ins Frühjahr fällt, weil es dann wieder besseres Grünfutter gibt. Oder nach den großen Schulferien; dann kann man wieder gute Plätze für die Jungtiere finden.

ELTERNTIERE

Günstig ist es, wenn man mit Tieren züchtet, die von liebenswertem Wesen sind, ausgesprochen friedfertig, ausgeglichen, vor allem aber kräftig und kerngesund sowie ohne Mißbildungen. Will man einen ganz bestimmten Typ züchten, z.B. wildfarbene oder andersfarbige mit unterschiedlicher Haarlänge, so wählt man ein Paar aus, das die erwünschten Merkmale beiderseits aufweist. Seien Sie aber nicht enttäuscht, wenn die Jungen ihren Eltern nicht in allen Merkmalen gleichen. Denn im Erbgut ist eine gewisse Variabilität enthalten; zudem kennen wir die Vorfahren unseres Hamsterpaares zumeist nicht.

In der Regel sind Hamsterweibchen das stärkere Geschlecht, trotzdem sollte man darauf achten, daß das Weibchen nicht unter 10 Wochen alt ist (das Zuchtalter ist nicht mit der Geschlechtsreife zu verwechseln) und das Männchen gut 1-2 Monate älter ist.

Zu junge Weibchen haben meist Probleme, weil der

2 Tage alte Roborowski-Babys

Jetzt sind die Kleinen 11 Tage alt und bereits behaart.

PAARUNG

Hamsterweibchen werden alle 4–5 Tage für 12–20 Stunden brünftig. Deshalb ist es auch nicht allzu schwierig, die Ausgewählten miteinander zu verpaaren. Am besten setzt man sie dazu in ein neutrales Heim. Grundsätzlich wird zuerst das Männchen eingesetzt, und das Weibchen kommt möglichst erst am nächsten Tag am späten Abend dazu. Ideal ist es, wenn man das weibliche Tier genau beobachtet und registriert, daß es öfter als sonst seine gewohnten Wege abläuft und immer wieder die Afterpartie auf den Boden drückt. Dann ist die Wahrscheinlichkeit hoch, daß es brünftig wird oder bereits ist. Vor dem Zusammensetzen werden die Halteklammern des Heims geöffnet, so daß das Oberteil in Sekundenschnelle abzuheben ist, und ein oder zwei Netze sowie ein Hamstertransporter bereitgestellt, um sofort eingreifen zu können, wenn das Weibchen das Männchen zu hart attackieren sollte, falls es noch nicht brünftig ist. Ggf. das Weibchen jeden Tag aufs neue hinzusetzen.

Ansonsten beginnt das Paarungsspiel, indem sich das Männchen heftig witternd an die Angebetete heranmacht. Nach Beschnuppern umkreist er sie und versucht, sie zärtlich zu belecken und zu streicheln. Bei diesem Rundtanz können beide auf den Rücken fallen, um sogar Zärtlichkeiten mit Maul und Pfötchen auszutauschen.

Zwischendurch trippelt sie mehrmals davon. Er bleibt dicht an ihrer Seite in der Nähe der Flankendrüse und versucht, sie mit zarten Nasenstübern in die Weichteile oder am Hinterleib zum „Stehen" zu veranlassen, bis sie endlich mit durchgedrücktem Leib, das Hinterteil deutlich angehoben, mit steil aufgerichtetem Schwänzchen breitbeinig zum Aufreiten in die Deckstarre fällt.

Die Paarung selbst ist in Sekundenschnelle beendet. Anschließend findet gegenseitiges Putzen statt, und das Liebesspiel setzt sich über mehrere Paarungen fort: Wenn sich die Deckstarre gelöst hat, wird sie aktiv, umläuft ihn und fordert ihn mit sanften Nasenstübern zur Wiederholung auf. Häufig darf er ihr auch ins Schlafhäuschen folgen. Wenn man dies alles beobachtet, fällt es schwer zu glauben, daß ihre Liebesglut schon nach kurzer Zeit wieder der üblichen Kratzbürstigkeit Platz macht. Schon bei den ersten Anzeichen dafür sollte man die Tiere sofort trennen.

Es empfiehlt sich, den Paarungstermin zu notieren, weil sich daraus der voraussichtliche Geburtstermin errechnen läßt.

TRÄCHTIGKEIT

Von jetzt an braucht die zukünftige Hamstermutter besonders viel Ruhe und eine optimale Fütterung. Der tierische Anteil an der Nahrung wird jetzt auf die doppelte Portion erhöht.

Mit 18 Tagen sind sie drollig.

Familienleben: die Eltern mit den 31 Tage alten Jungen

Bei vermeintlicher Gefahr werden die Jungen umgebettet.

GEBURT

Hamstermütter gebären ihre Babys nachts und meist problemlos, so daß sie keine Hilfe brauchen. Ab dem 16. Trächtigkeitstag kann man damit rechnen, daß die Jungen da sind, wenn das Muttertier merklich schlanker geworden ist und nur zum Essen, Trinken und um sich zu lösen auftaucht, um danach sofort wieder ihrem Nest zuzustreben. Wenn

Von Vorteil ist es auch, jeglichen Streß vom Hamster fernzuhalten bzw. gar nicht erst aufkommen zu lassen. Von nun an soll die Hamsterin selbstbestimmt tun und lassen, was sie möchte.

TIP: Die regelmäßige Hauptreinigung des Nagerheims sollte in der ersten Woche nach dem Deckakt erledigt sein. Spätestens jetzt zahlt es sich aus, wenn ein Toilettenhäuschen benutzt wird. Dies kann man so oft wie nötig säubern; das letztemal einen Tag vor dem voraussichtlichen Geburtstermin.

Auf jegliches Aufnehmen, Herumtragen und Freilauf im Zimmer wird während der Trächtigkeit und Jungenaufzucht verzichtet. Etwa 3 Tage vor dem Geburtstermin wird nochmal reichlich Nestmaterial vorgelegt, damit es die Babys warm und mollig haben. Meist werden die Jungen im Schlafhäuschen der Mutter geboren, und dies dient auch als Kinderstube. Häuschen mit aufklappbarem Dach sind hier von Vorteil. Auch sollte der Eingang bis zum Boden reichen; die Jungen können dann später besser raus- und reinkrabbeln.

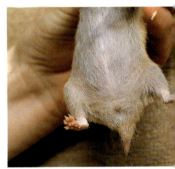

Beim Weibchen ist der Abstand zwischen Geschlechtsöffnung und After geringer ...

... beim Männchen ist dieser Abstand deutlich größer.

man sich ganz ruhig verhält, kann man nach 2-3 Tagen bei sonst absoluter Stille die feinen Stimmfühlungslaute der Babys hören.

Geboren wird in sitzender Haltung, und nach jeder Geburt wird die Fruchthülle aufgerissen und sofort verzehrt. Die Nabelschnur wird, wenn sie nicht gerissen ist, durchtrennt, und das Kleine, das 20-40 mm mißt und nur ca. 2 g schwer ist, peinlichst saubergeleckt. Hamsterbabys kommen nackt und mit geschlossenen Augen zur Welt und sind darauf angewiesen, daß ihr Kreislauf durch das Ablecken aktiviert und ihr Körper sofort gewärmt wird. Abschließend verzehrt die Mutter die Nachgeburt und leckt den Vaginalbereich sauber.

ENTWICKLUNG

Für die Hamsterbabys beginnt nun der wohlbehütete Ernst des Lebens. Nackt und noch nicht sehend, sind sie die nächsten 10 Tage ganz auf die Instinkte der Hamstermutter angewiesen. Von ihr werden sie gewärmt und genährt, aber auch beschützt. Als Pfleger hat man darauf zu achten, daß das Muttertier Störungen in jedem Fall übelnimmt. Die eigene Neugierde heißt es daher zu zähmen.

Wie schon erwähnt, reagieren Hamster auf fremde Gerüche etc. ausgesprochen sensibel. Deshalb darf man zur Nestkontrolle nur ein Stäbchen oder eine Futterpinzette, die schon vorausgehend ins Heim gelegt wurde, benutzen. Nur dann kontrollieren, wenn die Mutter das Nest für einen Moment verlassen hat! Wenn die Hamstermutter gesund ist, reichen die 7 bis 11 Zitzenpaare aus, um alle Babys zu ihrem Recht kommen zu lassen. Wie wir es von jungen Katzen kennen, wird der Milchfluß mit dem Milchtritt in Gang gebracht. Anfangs trinken die Kleinen bei der über ihnen kauernden Mutter. Später sitzt diese dann halb aufgerichtet. Anschließend bringt zärtliches Belecken die Verdauung in Gang. Die Ausscheidungen der Jungen werden von der fürsorglichen Mutter sofort aufgenommen, so daß das Nest immer schön sauber bleibt.

Jungtiere, die an Zitzen hängend versehentlich aus dem Nest herausgetragen wurden, packt die Mutter und bringt sie ohne unser Zutun auf dem schnellsten Weg wieder zurück. Dabei fallen die Babys und auch Junghamster in eine regelrechte Tragstarre, was den Transport natürlich enorm erleichtert. Ganz junge Babys werden auch in den Backentaschen transportiert.

Nach einer Woche wiegen die Jungen schon ca. 8 bis 10 g, nach 5-6 Tagen wächst das Fell, und man sieht sie

Beim Männchen sind die hervortretenden Hoden auch von der Seite gut zu sehen.

Creme-Schecke

Teddy-Goldhamster

schon an Futter knabbern, das ihnen von der Mutter vorgelegt wurde. Mit ca. 12 Tagen verlassen sie krabbelnd, oft noch mit halb geschlossenen Augen, das Nest. Nach 2 Wochen wiegen sie bereits 12-15 g. Nun fangen sie auch an, sich selbständig zu putzen, und rennen auch schon zum „Gemeinschaftsklo". Gesäugt werden sie etwa 2-3 Wochen lang, und zwischendurch knabbern sie schon von dem, was die Mutter alles so anschleppt. So ab dem 15. Tag wirken die Kleinen besonders amüsant, werden von Tag zu Tag aktiver und toben umher, purzeln übereinander und balgen sich um allerlei Leckereien. Dabei lassen sie hin und wieder ein Angstfiepen hören, und spielerisch zeigen sie bereits Demutsgesten der Unterwerfung, die sie auch dem Alttier gegenüber anwenden.

Es empfiehlt sich, die Jungen mit ca. 22 Tagen nach Geschlechtern zu trennen, wenn die Mutter nicht mehr weitersäugt und sie auch sonst schon recht selbständig sind und anfangen, in die Geschlechtsreife zu kommen. Mit 30 bis 35 Tagen wiegen sie erst 40 g, können aber schon trächtig werden, was es in jedem Fall zu verhindern gilt. Ab ca. 4 Wochen werden sie dann abgegeben.
Nach 3 Monaten beträgt das Körpergewicht etwa 100-115 g, mit 4 Monaten 125 g,

TIP: Während der Säugezeit sollte man vermehrt eiweißreiche Kost in Form von Garnelen, Mehlwürmern, Grillen oder Wanderheuschrecken reichen. Zur Not kann man auch feine Streifen von rohem Geflügel- oder Rindfleisch bieten.

mit 6 Monaten 140-160 g, und voll ausgewachsen wiegen Weibchen 170-180 g und Männchen 160-170 g. Die Mutterfamilie löst sich auf, sobald die Kleinen geschlechtsreif sind.

GESCHLECHTS-BESTIMMUNG

Noch bevor man die Kleinen mit 4-6 Wochen abgibt, sollte man die Geschlechter ab dem 21. Tag trennen - spätestens am 23. Tag. Die Männchen- bzw. Weibchengruppen können dann durchaus bis zur 6. oder 8. Woche zusammenbleiben, wie dies im Zoofachhandel auch praktiziert wird. Das Geschlecht sollte man dafür eindeutig bestimmen können, so daß man nicht bereits belegte Weibchen abgibt.
Der kleine Unterschied liegt im Abstand zwischen Geschlechtsteil und Afteröff-

Panda-Schecke

Grausilberner Satinhamster

nung, der beim Weibchen um einiges geringer ist als beim Männchen. Außerdem sind Weibchen um das Geschlechtsteil herum beinahe nackt, die Männchen mehr behaart. Bei ihnen treten außerdem die Hoden gut sichtbar hervor (um so deutlicher, je älter das Tier). Außerdem sieht beim Weibchen das Hinterteil, von der Seite gesehen, abgerundeter aus als das des Männchens, das durch die herz- oder keilförmig hervortretenden Hoden spitzer und wuchtiger wirkt (siehe Fotos auf S. 52).

TIP: Läßt man die Tiere zur Geschlechtsbestimmung in eine durchsichtige Transportbox laufen, so braucht man sie weder gegen ihren Willen festzuhalten noch zu fixieren. So läßt sich der kleine Unterschied wirklich gut erkennen.

FLASCHENKINDER

Sollte der Mutter etwas zustoßen, noch bevor die Junghamster selbständig fressen, so kann man sie mit Spezialflasche, Sauger und Muttermilchersatz aus dem Zoofachgeschäft trotzdem aufziehen. Wichtig ist dabei, daß die Kleinen 5-7 Mahlzeiten täglich bekommen und unter einer Wärmequelle warmgehalten werden (kleine Spotlampe über dem Nagerheim; 22-26 °C). Je länger sie schon bei ihrer Mutter getrunken haben, um so größer sind die Erfolgschancen, sie groß zu bekommen.

RASSEN UND ARTEN

Wer die Wahl hat, der hat auch die Qual, welches Tier er zu seinem Favoriten erklären soll. Neben dem wildfarbenen Goldhamster, der neben dem einheimischen Feldhamster sicher als der am schönsten gezeichnete gelten darf, gibt es sehr ansprechende Zuchtformen mit unterschiedlichen Fellfarben und -längen.

Gescheckte Goldhamster gelten oft als empfindlicher, kurzlebiger und mürrischer als wildfarbene. Unter den Geschecken gibt es vielerlei Farbspielarten, und fast täglich kommen neue Zuchtformen hinzu.

Einfarbige Hamster, die als weniger hinfällig und aggressiv gelten, gibt es in weiß mit roten oder schwarzen Augen, schwarz, grau, beige, cremefarbig bis hin zum satten Rotbraun. Zimtfarbige (auch mit roten Augen) mit vielerlei Nuancierungen, loh-, marder- und chinchillafarbige sind nicht mehr selten.

Auch **Russenhamster** (von Ruß) tauchen hin und wieder auf. Bei ihnen fallen die

schwarzen Abzeichen an Ohren, Näschen, Schwänzchen und Beinchen auf dem weißen bis beigen Fell besonders auf. Häufig haben diese Tiere noch rote Ohren, was ihnen zu einem besonders aparten Aussehen verhilft. Sie sind im ganzen etwas zarter und werden selten so groß wie ihre wildfarbenen Vorfahren.
Darüber hinaus sind Hamster im Handel, deren kurz- oder langhaariges Fell in einem auffälligen **Satin**-Glanz strahlt. Sie stammen ursprünglich aus England.
Teddy-Hamster gibt es sowohl kurz- als auch langhaarig. Ihr stark seidig glänzendes Fell fühlt sich wie das eines Miniteddys an, also ganz plüschig.

Zu putzig sehen die **Langhaar**-Goldhamster aus, die auch als „Angoras" angeboten werden. Sie gibt es in allen bisher genannten Farbspielarten. Ihr ausgesprochen liebenswürdiges, ja auffällig gelassenes Wesen macht sie neben ihrem drolligen Aussehen zu begehrten Pfleglingen. Alle Langhaarigen werden am besten auf nicht zu feiner Streu gepflegt, z.B. Strohpellets. Sonst würde ihr pflegeintensives Fell verkleben.
Wer unter dieser Vielfalt noch nicht das „Richtige" gefunden hat und den Hamster hauptsächlich zu Beobachtungszwecken pflegen will, der sollte sich einen der angebotenen Zwerghamster zulegen.

Denn neben dem Goldhamster und seinen Varianten werden im Zoofachhandel immer häufiger Zwerghamster aus Nachzuchten angeboten, die ursprünglich in den 30er Jahren für Laborversuche gefangen und gezüchtet wurden. In zunehmendem Maße erobern sie die Herzen ernsthafter Nagetierfreunde. Ihr Vorteil liegt darin, daß eine Gruppenhaltung in größeren Behältern eher möglich ist als bei Goldhamstern. Außerdem sind sie öfter am Tag munter und beißen kaum einmal ernsthaft zu. Sie brauchen kleine Sämereien als Nahrung.
Der wichtigste Unterschied in der Pflege liegt darin, daß der tierische Anteil der Nahrung durchaus 50 % betragen sollte.

CHINESISCHER STREIFENHAMSTER

Als erstes wäre der Chinesische Zwerg- oder Streifenhamster (Cricetulus criseus) zu nennen, der aufgrund seiner spitzen Kopfform weniger einem Hamster ähnelt, sondern mausähnlich wirkt. Dieser Eindruck wird noch verstärkt durch den für Hamster relativ langen Schwanz, der ca. 2,5 cm mißt und der von diesem Winzling sogar beim Klettern greifend und

Chinesischer Streifenhamster

Dsungare im Winterfell (westliche Form)

Dsungarischer Zwerghamster in normaler Färbung

stützend eingesetzt wird. Die Tierchen werden ca. 10–13 cm lang.

Im Gegensatz zu den anderen Zwerghamstern sind Chinesische Streifenhamster ausgesprochene Einzelgänger; erwachsene Weibchen sind noch unverträglicher als Goldhamsterweibchen. Ob aus dem häufig genutzten Labortier ein Heimtier wird, muß sich erst erweisen, denn sie werden erst seit Anfang der 70er Jahre in unterschiedlichen Zahlen angeboten. Sie leben hauptsächlich dämmerungs- bzw. nachtaktiv in den Halbwüsten und Steppen Chinas, der Mandschurei und der Mongolei. Verwechslungsmöglichkeit besteht mit C. barabensis, von dem sie sich nur durch die Chromosomenanzahl unterscheiden lassen.

Das dichte feine Fell ziert ein mehr oder weniger stark ausgeprägter Rückenstreifen, der auch einmal ganz fehlen kann. Die Beinchen sind, wie beim Feldhamster, hellbeige, fast weiß gefärbt. Ausgewachsen wiegt der Streifenhamster 35–45 g. Außerdem verfügt er nur über 4 Paar Zitzen. Neben den Flankendrüsen besitzt er auch noch eine Bauchdrüse. Die Tragzeit beträgt 20–22 Tage, die Wurfstärke liegt im Durchschnitt bei 5–7 Jungen. Ca. 15 Tage lang werden die Jungen gesäugt, und mit 20 Tagen muß man die Geschlechter trennen. Ansonsten läßt er sich wie ein Goldhamster pflegen. Einen Winterschlaf hält der kleine Chinese nicht.

Nach meiner Erfahrung werden die kleinen Kostbarkeiten relativ schnell handzahm, was nicht verwundert, denn in ihrer Heimat werden sie an manchen Stellen zum Kulturfolger und leben in der Nähe menschlicher Behausungen, z.B. in Ställen, wie dies bei uns Mäuse tun.

Wichtig ist noch, daß sie sehr viel Platz zum Laufen brauchen. Das Hamsterheim oder der Auslaufplatz kann gar nicht groß genug sein, und in einem Hamsterterrarium lassen sich diese bewegungsaktiven Nager am besten pflegen.

DSUNGARISCHER ZWERGHAMSTER

Weit häufiger wird der Dsungarische Zwerghamster (Phodopus sungorus) im Fachhandel angeboten. Leider haben diese überaus putzigen und interessanten Vertreter der Hamsterfamilie eine Lebenserwartung,

Dsungare (links) und Campbell-Zwerghamster sehen ähnlich aus.

Die Zucht verläuft ähnlich wie bei den bereits beschriebenen Hamstern, die Tragzeit beträt 20-22 Tage, die Anzahl der Jungen 4-7, die Säugezeit 14-15 Tage. Die Dsungaren verfügen über keine Flankendrüsen, sondern über eine sehr aktive Bauchdrüse, die sich von unten gut erkennen läßt. Diesen wunderbaren Tierchen ist sicher eine steigende Beliebtheit zu gönnen.

CAMPBELLS ZWERG-HAMSTER

Dann wäre da noch Campbells Zwerghamster (Phodopus sungorus campelli, er ist die östliche Form des Phodopus sungorus). Wenn auch relativ selten, so werden sie seit etwa 5 Jahren bei uns hin und wieder angeboten. Sie werden zwischen 2 und 3 Jahre alt und ca. 10 cm lang. Von ihnen gibt es zuchtbedingte Farbschläge, z.B. Beige mit schwarzbraunem Streifen und roten Augen, Grauschwarz mit schwarzen Augen und Weiß mit roten Augen.

Untereinander scheinen sie relativ lange verträglich zu bleiben, werden aber mit steigendem Alter mürrisch, manchmal auch zunehmend kampfbereit und aggressiv, wenn ihnen etwas nicht paßt. Besonders Weib-

die noch kürzer ist als die der Goldhamster. Wenn es hochkommt, werden sie 2,5 Jahre alt.
Diese Zwerge werden nur etwa 10 cm lang, ihr kleines Schwänzchen mißt 1 cm und tritt kaum in Erscheinung. Sie sind ausgesprochene Leichtgewichte: ausgewachsen wiegen sie nur 35-45 g.
Begeisternd schön ist ihr Fell. Die grau-braune bis ockerfarbene Oberseitenfärbung wird von einem dunklen Aalstrich auf dem Rücken geziert, der Bauch ist heller. Die Beinchen sind weißlich und sogar auf den Sohlen behaart.
Im Handel taucht eine Variante auf, die noch ein helleres Winterfell bekommt - wie in der Natur, in der die Tiere bis in schneereiche Gebiete vordringen (deshalb auch die behaarten Fußsohlen). Diese zarten Wesen leben in den Steppen im nördlichen und mittleren Asien (Mandschurei, Mongolei, in Kasachstan und Gebieten wie Transbaikalien, die zur ehemaligen Sowjetunion zählen) als dämmerungs- und nachtaktive Tiere.
In ihrer ausgesprochen kalten Heimat fallen die Zwerge in ihren Bauen in einen tiefen Winterschlaf, den sie als Heimtiere aber nicht mehr halten müssen.
Am besten lassen sich die überaus schnell zahm werdenden und anhänglichen Dsungaren in einem Hamsterterrarium (siehe S. 18) pflegen.

chen scheinen die Ungemütlichkeit in Person zu sein, sie stellen auch hier die physisch und psychisch stärkeren Tiere. Für Pfleger mit Streichelambitionen sind sie weniger geeignet, denn hin und wieder hört man den Ausdruck „Kampfhamster".
Die Tragezeit beträgt 17–20 Tage, die Wurfstärke 4–6. Ansonsten sind sie wie die vorgenannten zu halten und zu pflegen und für den Nagerfreund, der das Interessante liebt, sicher geeignete Pfleglinge.

ROBOROWSKI-ZWERGHAMSTER

Wer es noch kleiner liebt, für den kommt der Roborowski-Zwerghamster (Phodopus roborowski) in Frage. Er ist mit 7–9 cm nicht nur der kleinste, sondern auch der leichteste mit nur 30–35 g. Die Tragzeit dauert 20–22 Tage.
Dieser wieselflinke Winzling wird meines Erachtens immer ein Individualist bleiben. Er wird zwar auf die Hand laufen, um sich einen Leckerbissen abzuholen, aber von Festhalten oder Streicheleinheiten hält er äußerst wenig und ist deshalb auch überhaupt nicht für Kinder geeignet. Für alle aber, die viel Interessantes beobachten wollen, ist dieses Federgewicht empfehlenswert.
Auch Roborowski-Zwerghamster hält man besser in einem möglichst großen Hamsterterrarium (S. 18). Hinzu kommen noch eine große, mit feinstem Vogelsand oder Terrariensand gefüllte Schale und jede Menge Versteckmöglichkeiten. Ein Grasbüschel und gut sitzende Steine vermitteln den Eindruck eines Sandareals.
Der Freilauf im Zimmer sollte tunlichst unterbleiben, denn so dicht bekommt man eine Wohnung nicht, daß der kleine Kobold nicht eine Lücke, Spalte oder ein Loch finden würde, in dem er verschwinden kann.
In ihrem natürlichen Habitat, das in der Mongolei und in den angrenzenden Gebieten Chinas liegt und bis an die Grenzen Sibiriens reicht, leben sie in überwiegend von Dünen durchsetzten ariden Zonen, in denen es im Winter lausig kalt werden kann.
Ihr etwas längeres, vor allen Dingen der Landschaft angepaßtes Fell reicht von gelblich bis bräunlich-beige, wird an den Flanken fahlgelb und bauchseits sandfarben. Ihre Pfötchen sind hell; über den Augen sehen wir einen weißen Fleck, der die verhältnismäßig großen Augen noch größer erscheinen läßt. Ihr nur 1 cm messendes winziges Schwänzchen ist unter dem längeren Fell kaum mehr auszumachen.
Der zarte und zerbrechlich wirkende Körper ist überaus geschmeidig und wendig; die Roborowski-Zwerghamster lassen sich kaum festhalten. Man hat den Eindruck, sie fließen einem wie Wasser zwischen den Fingern hindurch. Sie sind tagsüber etwas häufiger aktiv als die bisher genannten Hamsterarten.
Die Tragzeit beträgt 19–22 Tage, die Zahl der Jungen pro Wurf ist relativ gering, sie beträgt im Durchschnitt 3–5. Geschlechtsreif werden die Jungtiere mit 30 Tagen.
Gegen Hitze sind sie besonders empfindlich. Man darf sie keinesfalls der prallen Sonne aussetzen.

Roborowski-Zwerghamster

LITERATUR

Flint, Wladimir E.: Die Zwerghamster der Paläarktischen Fauna. A. Ziemsen Verlag, Wittenberg 1966.

Gabrisch, K. und **P. Zwart**: Krankheiten der Heimtiere. Schlütersche, Hannover 1984.

Grzimek, Bernhard (Hrsg.): Grzimeks Tierleben. Band 11: Säugetiere 2. dtv, München 1979.

Isenbügel, Ewald und **Werner Frank**: Heimtierkrankheiten. Ulmer, Stuttgart 1985.

Kremer, Bruno P.: Giftpflanzen. Franckh-Kosmos, Stuttgart 1994.

Schönfelder, Peter und **Ingrid**: Der Kosmos-Heilpflanzenführer. Franckh-Kosmos, Stuttgart 1995.

Wiesner, Ekkehard: Kompendium der Heimtierkrankheiten 1. Gustav Fischer Verlag, Stuttgart 1988.

REGISTER

Abwehr 45f
Aleppo 7
Allergien 12
Alter 9f, 14
Altern 41
andere Heimtiere 13
Anfassen 24
Anzahl 14
Aquarien 18
Arten 48, 55

Aufwand 13
Aufzucht, künstliche 55
Augen 43
Ausreißen 26
Auswahl 15

Backentaschen 8, 38
Baden 37
Bau 8, 43
Bedürfnisse 42
Begegnung mehrerer Hamster 43, 45f
Beine 8
Bett 20
Biologie 4, 8
Blütenfutter 34f
Box 16
Bürsten 36

Campbells Zwerghamster 5f, 58
Chinesischer Streifenhamster 5f, 56
Cricetarium 17

dämmerungsaktiv 8, 42
Dsungarischer Zwerghamster 5f, 57
Durchfall 38

Einfangen 27
Einfarbige 55
Eingewöhnung 22
Einrichtung 18
Einstreu 20
Einzelgänger 42
Elterntiere 50
Entlaufen 26

Fallröhren 8
Farbvarianten 7, 55, Klappe
Feldhamster 4, 6
Fellpflege 36
Fertigfutter 29
Festhalten 24
Flaschenaufzucht 55
Fleisch 32
Freilauf 24
Futter 28ff
Futter lagern 29
Futternapf 18
Futterpflanzen 31
Futterraufe 18
Futterspender 18
Fütterung 28ff
Fütterungstips 32

Geburt 52
Gefahren 24
Gehör 44
Gemüse 31
Geruch 23
Geruchskontrolle 44
Gescheckte 55
Geschichte 6
Geschlechtsbestimmung 54
Geschlechtsreife 48, 50
Geschlechtsunterschiede 52
Gesundheits-Checkliste 15, 63
Gewicht 9, 54
Giftpflanzen 25, 31
Gitteraufsatz 17
Goldhamster 6
Größe 9
Grünfutter 30
Gruppenhaltung 14

Hamster-Sitter 40
Hamster-Terrarium 17
Hamsterbett 20
Hamsterheim 16
Hamstern 8, 28
Hamsterzucht 49
Heilkräuter 30
Heim 10, 16
Heimat 4

Heimtierstreu 20
Heu 28f
Hitzschlag 38
Hochheben 23
Holzhäuschen 19
Hunde 13
Hygiene 11, 20, 39, 41

Insektenfutter 33

Jungtiere 14f
Jungtierentwicklung 53

Kälteschock 38
Kämmen 36
Katzen 12f
Katzengras 31
Kauf 10, 14
Kinder 11, 15, 46
Körpertemperatur 9
Kosten 13
Krallen 37
Krankheit 39f
Krankheitsanzeichen 38
Krankheitsvorsorge 36
Kratzen 36

Langhaar 56
Laufrad 21
Lautäußerungen 46
LCM 40
Lebendfutter 33
Lebenserwartung 9f
Leckereien 35

Männchen 14, 52f
Markieren 44
Mehlwürmer 32
Mietwohnung 12
Mischfutter 29

Nachwuchs 48
Nagerheim 17
Nagerholz 34
Nagerstein 21
Nagetiere 4
Nagezähne 8, 29
Nahrung 28
Näpfe 18
Nase 43
Nest 53
Nistkobel 19
Nistmaterial 20

Obst 31
Ohren 44

Paarung 50f
Parasiten 36
Pärchen 14
Pflanzen 25, 28
Pflanzen sammeln 30f
Pflege 36
Pflegeaufwand 13
Pflegefehler 38
Putzen 36

Rassen 48, 55
Raumtemperatur 12
Roborowski-Zwerghamster 5f, 59
Röhren 21
Russenhamster 55

Saftfutter 30
Salzleckstein 21
Satin 56
Sauberkeit 20
Säugezeit 54
Schlafen 11
Schlafhäuschen 19
schwangere Frauen 40
Seitendrüse 9
Spielgeräte 21, 26, 47
Stellplatz 12

Streu 20
Syrien 7

Tagesration 33
Tasthaare 44
Teddy 56
Temperaturempfinden 46
Terrarium 17
Tierarzt 39
tierisches Eiweiß 32
Tod 41
Toilette 20
Trächtigkeit 51
Tragen 23
Tränke 19
Transport 16

Unterschale 17
Urlaub 40

Verhalten 42
Verstopfung 38
Vertrauen gewinnen 22
Vitamine 35
Vögel 13
Vorüberlegungen 10

Wasser 34
Watte 20
Weibchen 14, 52
Wildpflanzen 30
Winterschlaf 46

Zähmen 22
Zähne 37
Zehen 8
Zimmertemperatur 12
Zubehör 10, 21
Zucht 48
Zuchtalter 50
Zuchtvoraussetzungen 49
Zugluft 12
Zwerghamster 5

BILDNACHWEIS

Fotos von Angermayer/Reinhard (Außenklappe oben, Klappe Wildfarbener, S. 37), Peter Beck (57 Aufnahmen), Horst Bielfeld (Klappe creme, S. 6 ul, 13, 20, 24 o, 40, 48, 57 l, 57 r), Gorski (S. 45), Dr. Rudolf König (S. 5 u, 6 ml, 19 u, 43 r), Horst Mayer (S. 6 ol, 14, 32 l, 36, 49 o, 50 m, 50 u, 51 o, 51 u, 52 o, 54 r, 59), Ingeborg Polaschek (S. 8, 9 l, 9 r, 47), Michael Prasuhn (Außenklappe unten) und Reinhard Tierfoto (Klappe Weißschecke, S. 4, 6 or, 6 ur, 11, 12, 29, 42, 43 l, 44, 46, 50 o, 56, 58)

Bücher · Kalender · Spiele
Experimentierkästen · CDs · Videos
Seminare

Natur · Garten & Zimmerpflanzen ·
Heimtiere · Pferde & Reiten ·
Astronomie · Angeln & Jagd ·
Eisenbahn & Nutzfahrzeuge ·
Kinder & Jugend

KOSMOS

Postfach 10 60 11
D-70049 Stuttgart
TELEFON +49 (0)711-2191-0
FAX +49 (0)711-2191-422
WEB www.kosmos.de
E-MAIL info@kosmos.de

IMPRESSUM

Umschlaggestaltung von Atelier Reichert, Stuttgart, unter Verwendung von 4 Farbfotos von Reinhard Tierfoto (großes Motiv) und Peter Beck (3 Fotos).

Mit 105 Farbfotos und 1 Karte.

Autor und Verlag danken Herrn Dr.med.vet. Fritz Fröhlich, Lübeck, Familie Landes und ihren Mitarbeitern (Kölle Zoo, Stuttgart), dem Quickborner Zoohaus sowie den Firmen Müller & Pfleger, Rockenhausen, und Hagen Deutschland, Holm, für die freundliche Unterstützung.

Die Deutsche Bibliothek – CIP-Einheitsaufnahme

Beck, Peter:
Liebenswerte Hamster / Peter Beck: – Stuttgart :
Franckh-Kosmos, 1996
    ISBN 3-440-07161-8

© 1996, Franckh-Kosmos Verlags-GmbH & Co., Stuttgart
Alle Rechte vorbehalten.
ISBN 3-440-07161-8
Lektorat: Angela Wolf
Grundlayout: Atelier Reichert, Stuttgart
Gestaltung: Gisela Dürr, München
Satz: ad hoc! Typographie, Ostfildern
Printed in Italy/Imprimé en Italie
Druck und Buchbinder: Printer Trento S. r. l., Trento

Alle Angaben in diesem Buch sind sorgfältig geprüft und geben den neuesten Wissensstand bei der Veröffentlichung wieder. Da sich das Wissen aber laufend weiterentwickelt und vergrößert, muß jeder Anwender selbst prüfen, ob die Angaben nicht durch neuere Erkenntnisse überholt sind. Dazu muß er z.B. bei Behandlungsvorschlägen den Tierarzt konsultieren, Beipackzettel zu Medikamenten lesen, Gebrauchsanweisungen und Gesetze befolgen.

PFLEGE-CHECK-LISTEN

tägliche Versorgung

▶ Futter- und Wassergefäße säubern

▶ Fertigfutter in zwei Portionen morgens und abends geben

▶ frisches Wasser geben (Achtung: der Trinknippel darf nicht über Futter oder Heu ragen!)

▶ bestes Heu zur freien Verfügung

▶ Grünfutter nicht vergessen

▶ übriggebliebenes Grünfutter aus der Vorratskammer entfernen

▶ tierisches Eiweiß füttern

▶ Auslauf und Beschäftigung nicht vergessen

▶ Bewegung bieten

täglicher Gesundheits-Check

▶ Ausscheidungen normal? (Kot geformt, Urin ohne Blut)

▶ Fell glatt, glänzend und sauber?

▶ Afterregion ohne Verklebungen?

▶ Augen klar und glänzend, ohne Tränen?

▶ Näschen trocken bis leicht feucht?

▶ Appetit und Durst normal?

▶ Verhalten aktiv, interessiert und lebhaft?

wöchentliche Pflege

▶ Mineral- und Salzleckstein kontrollieren

▶ Knabberholz evtl. ergänzen

▶ Toilettenecken bzw. Hamstertoilette säubern, verschmutzte Einstreu austauschen

▶ langhaarige Hamster kämmen

alle zwei bis drei Wochen

▶ gesamte Einstreu austauschen, Unterschale gut mit heißem Wasser und Essig oder Zitrone (gegen Harnreste) säubern, mit „Deo-Reiniger" (Pumpflaschen aus dem Zoofachhandel) besprühen und gut trocknen lassen

▶ Krallen kontrollieren

▶ Zähne kontrollieren

Achten Sie auch regelmäßig auf folgende **Krankheits-Anzeichen,** die einen Tierarztbesuch erforderlich machen:

▶ eigenartig gewinkelte Gliedmaßen

▶ Gleichgewichtsstörungen

▶ Lähmungserscheinungen (Beine werden nachgezogen)

▶ ständiges Verkriechen im Häuschen

▶ stundenlanges Verharren an einem Platz außerhalb des Häuschens

▶ unnatürliche Seitenlage

▶ verzögerte Bewegungen

▶ Verletzungen oder offene Wunden

▶ Blutspuren

▶ Wunden und Borken

▶ Appetitlosigkeit

▶ Afterregion verklebt oder naß

▶ Durchfall, auch mit Blutbeimengungen (Alarmzeichen!)

▶ Änderungen der Kotbeschaffenheit, der -farbe oder des -geruchs (Verdauungsstörungen)

▶ Krämpfe

▶ Abmagerung trotz Nahrungsaufnahme

▶ Blut im Urin

▶ kahle Stellen im Fell

▶ mattes, struppiges Fell

▶ häufiges Kratzen (starker Juckreiz)

▶ Parasitenbefall

▶ Schwellungen, Beulen

▶ ständiges Kratzen am Ohr

▶ geschwollene Lider

▶ stark tränende oder eiternde Augen

▶ Nasenbluten

▶ plötzlich auftretender Nasenausfluß, auch eitrig

▶ häufiges Niesen (Schnupfen)

▶ häufiges Husten (oft röchelnd)

▶ überlange, gebogene oder gedrehte Zähne

▶ verstopfte Backentaschen

▶ Appetitlosigkeit

▶ Atembeschwerden (hefige Atmung, Kurzatmigkeit)

▶ angeschwollene oder wunde Beinchen und Sohlen

▶ Verdacht auf Vergiftung

TIERPASS UND INFORMATIONEN FÜR DEN HAMSTER-SITTER

UNSER HAMSTER

Name: _____

Goldhamster /
Zwerghamster: _____

Geschlecht: _____

Geboren am: _____

Gekauft am: _____

Unsere Anschrift: _____

_____

Telefon: _____

Unsere Urlaubsanschrift: _____

Telefon: _____

Unser Zoofachhändler: _____

Telefon: _____

Unser Tierarzt: _____

Telefon: _____

Tierklinik für den Notfall: _____

Telefon: _____

DIE TÄGLICHE VERSORGUNG

▶ 10–15 g Fertigfutter (1–2 Teelöffel)
▶ 1–2 Teelöffel Grün- oder Saftfutter
▶ 1–2 getrocknete Garnelen oder Mehlwürmer oder 1 Wanderheuschrecke oder Grille
▶ Heu zur freien Verfügung
▶ Zweige, Nagerholz
▶ frisches Trinkwasser

Bitte die Pflege-Checklisten auf der Rückseite dieses Blattes beachten!

BESONDERE WÜNSCHE: